项目资产管理模式创新与对策

徐 琏◎著

吉林人民出版社

图书在版编目（CIP）数据

项目资产管理模式创新与对策/徐琎著.--长春：
吉林人民出版社,2024.4.--ISBN 978-7-206-20914-7
Ⅰ.F273.4
中国国家版本馆CIP数据核字第20245WM327号

责任编辑：王　斌
封面设计：王　洋

项目资产管理模式创新与对策

XIANGMU ZICHAN GUANLI MOSHI CHUANGXIN YU DUICE

著　　者：徐　琎
出版发行：吉林人民出版社（长春市人民大街7548号　邮政编码：130022）
咨询电话：0431-82955711
印　　刷：长春市华远印务有限公司
开　　本：787mm×1092mm　　　1/16
印　　张：10　　　　　　　　　字　数：200千字
标准书号：ISBN 978-7-206-20914-7
版　　次：2024年4月第1版　　印　次：2024年4月第1次印刷
定　　价：58.00元
如发现印装质量问题，影响阅读，请与出版社联系调换。

前　言

随着国际化进程的加快，企业间全球性竞争日益激烈，唯有通过加强项目管理，并将降低成本作为首要任务，企业才能满足市场的需求，用最低的资源投入获得最大化的经济收益。

鉴于项目管理日益全球化、数字化及专业化的趋势，笔者在撰写此书的过程中，尽可能吸收了最新的项目管理理念和实际应用中的创新发现，并采用了项目导向的方式，强调以实践为主导，优先考虑能力和技能。笔者致力于提升本书的实效性、创新性和适用性，并确保内容的完整性、科学性。

在编写本书得过程中借鉴了一些相关的研究资料、工程建设管理的实践文档，并获得了众多领域权威人士的大力协助，在此深表谢忱。同时，笔者意识到自己学疏才浅，书中难免存在疏漏甚至错误之处，敬请各位读者朋友不吝指教，给予批评指正。

目　录

第一章　企业筹资管理 ……………………………………………… 1
　第一节　短期筹资管理 …………………………………………… 1
　第二节　长期筹资管理 …………………………………………… 15
　第三节　资金成本 ………………………………………………… 59
　第四节　资本结构决策 …………………………………………… 67
　第五节　财务杠杆与财务风险 …………………………………… 70
　第六节　筹资决策 ………………………………………………… 74

第二章　企业项目投资管理 …………………………………………… 79
　第一节　项目投资管理概述 ……………………………………… 80
　第二节　项目投资现金流量的测算 ……………………………… 91
　第三节　项目投资决策评价指标和评价方法 …………………… 104
　第四节　风险和不确定性条件下项目投资决策 ………………… 112
　第五节　特殊情况下的项目投资决策 …………………………… 120

第三章　项目成本管理模式 …………………………………………… 124
　第一节　项目成本管理概述 ……………………………………… 124
　第二节　项目成本估算 …………………………………………… 133
　第四节　项目成本预算 …………………………………………… 141
　第五节　项目成本控制 …………………………………………… 147

参考文献 ……………………………………………………………… 153

第一章　企业筹资管理

第一节　短期筹资管理

一、短期筹资

（一）短期筹资的概念

短期筹资是指在一年内或超过一年的一个营业周期内筹集到的资金，通常被视为负债筹资。

（二）短期筹资的特征

1. 筹资速度快

由于筹资周期相对较短，债权人所面临的风险也相对较小，他们通常不会有太多的担忧，也就无须像长期筹资那样进行全方位、烦琐的财务调查，短期内筹集资金更容易。

2. 筹资能力强

当寻求长期资金时，由于投资者对资金安全的担忧，他们往往会对借款人设定许多限制性的协议或者相关的制约因素。然而对于短期筹资来说，这些限制性和制约因素相对宽松，从而使借贷人在资金的使用与分配方面更具灵活性和弹性。

3. 筹资费用相对较低

在筹集期限较短的情况下，债权人面临的利率风险也较小，因此向筹资方提供的资金使用费用也相对较低。

4.筹资风险较大

短期筹资往往要求期限届满前归还，这对筹资方在短期内的现金流管理及分配能力有很高的要求，若筹资方未能按时还款则有可能面临财务危机。另外，一般而言，短期负债的利息变动较频繁，且难以在一个长时间段里把融资成本稳定在一固定低点上，因而也可能会有超过中长期负债利率的情况发生。

（三）短期筹资的分类

1.按应付金额是否确定划分

根据应付款项是否确定，可将短期筹资划分为明确应付款项的短期债务和不明确应付款项的短期债务。

1）应付款项确定的短期债务，即根据合同或法律条款规定的必须偿还的应付款项确定的债务，包括但不限于企业信贷、应收账款和应收票据等。

2）应付款项不确定的短期债务，是基于企业的生产和经营状况，需要在特定时间才能确定其应付款项或者需要估计的短期债务，如应缴纳的税款、应支付的股息等。

2.按短期负债的形成情况划分

根据短期负债的形成情况，可将其划分为自发性和临时性两类。

1）自发性短期负债，源于公司日常运营中无须预先计划的部分负债。这种类型的债务通常由会计流程导致的时间差引发，如因法律规定而延迟支付的款项，这些已经存在却未被支付的短期债务就成为企业的临时现金流入渠道，如商誉信贷、员工薪资和税务缴纳等。

2）临时性短期负债，即企业因为暂时的资金需求产生的负债。这些负债是由财务人员根据企业对短期资金的实际需求有意识地规划形成的，如短期银行贷款等。

（四）短期筹资政策的类型

通常而言，企业的资金筹集策略主要依各类资产而定。根据企业

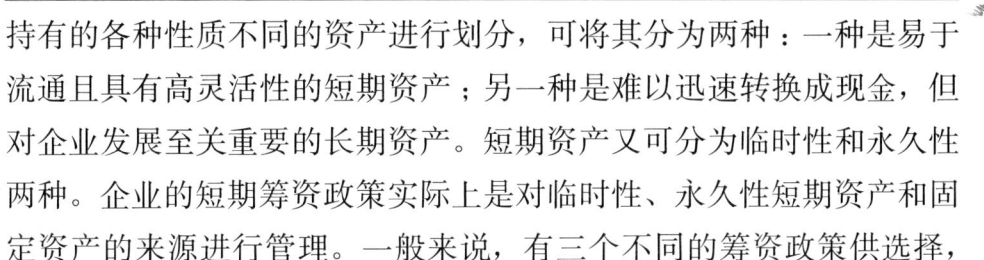

持有的各种性质不同的资产进行划分,可将其分为两种：一种是易于流通且具有高灵活性的短期资产；另一种是难以迅速转换成现金,但对企业发展至关重要的长期资产。短期资产又可分为临时性和永久性两种。企业的短期筹资政策实际上是对临时性、永久性短期资产和固定资产的来源进行管理。一般来说,有三个不同的筹资政策供选择,即配合型、激进型及稳健型。

1. 配合型筹资政策

配合型筹资政策指的是企业的负债构造与其资产生命周期的同步性。它的特性在于：对临时的短期资金需求,使用临时性的短期负债；对永久性的短期资产及固定资产的需求,则通过自发性的短期负债、长期性的负债或股票投资满足。这种政策的核心观念为,公司需确保资产及其资金供应的时间长度和规模一致,以此减小无法按时还款的可能性,并利用更多的短期负债获取低廉的资本费用。这个政策可以用下述公式进行表述：

$$临时性短期资产 = 临时性短期负债$$

$$永久性短期资产 + 固定资产 = 自发性短期负债 + 长期负债筹资 + 股权资本$$

在这种筹资政策下,只要企业的短期筹款方案严谨且现金流与预定计划相符,则在经营低谷时,除自发性短期负债外,企业并没有其他的短期债务。只有在公司经营的顶峰阶段,企业才会采取临时性短期负债措施。

然而,因为现金流通及各种财产的使用期限存在不可预测性,通常无法达到资产与负债的完美匹配。企业处于业务繁荣阶段时,如果其销售和运营表现不如预期并且导致未达成预期的现金收入,则可能面临无法支付即将到期的短期债务的问题。因此,配合型筹资政策更多存在于理论上,实际操作起来难度较大。

2. 激进型筹资政策

激进型筹资政策的特性是,临时短期负债不仅需要满足短期资产的需求,也需要满足一部分永久性资产的需求,有时甚至全部短期资产都需要依赖临时负债支撑。这个筹资政策可以用以下公式描述：

$$临时性短期资产 + 部分永久性短期资产 = 临时性短期负债$$

$$永久性短期资产 - 临时性短期负债满足部分 + 固定资产 = 自发性短期负债 + 长期负债 + 股权资本$$

因为临时性短期负债通常具有相对低廉的资本费用，与长周期及股权筹资相比，这种筹资政策中大量的短期负债占据了主导地位，所以企业的资本成本比配合型筹资方式要低。然而，考虑到企业将来必须为持续性的短期需求提供稳定且长久的资金支持，会在负债到期时再次举债或者延期还款，这将导致不断循环的举债和偿还行为，从而增加了企业的筹资和还债风险。因此，这个激进型筹资政策是一个回报率较高但风险较大的筹资手段。

3. 稳健型筹资政策

稳健型筹资政策的特征是，临时性短期负债能解决部门暂时性短期固定资产的需求，其余的短时和长久固定资产则通过自发性短时负债、长期负债，以及股权资本筹措。这个政策可以用下述公式进行表达：

$$部分临时性短期资产 = 临时性短期负债$$

$$永久性短期资产 + 靠临时性短期负债未筹足的短期资产 + 固定资产 = 自发性短期负债 + 长期负债 + 股权资本$$

在这个政策框架内，企业的非永久性和短期的负债只占据了一部分的总资产，这使其能够维持更多的运营现金流，从而减小了不能支付到期款项的可能性。与此同时，这些负债是临时的且期限较短，因此受短期利率波动的影响相对较小，但是这也意味着其回报率会受到限制，这是因为长周期负债及股权资本在整个资金结构中的比重较高，它们的资本成本超过了短期负债。然而，如果能迅速地把过剩的长线资金投入短期金融产品，那么，它的收益通常不会低于长期负债的利息水平，因此这个稳健型的筹资政策具有较低的风险和回报。

（五）短期筹资政策和短期资产持有政策的配合

正如前文提到的，企业的短期资产持有政策主要包括三种类型：宽松型、适中型和紧缩型。这些政策与其短期的筹资政策有密切的关系。因此，对于短期资产管理和短期筹资政策之间的协同是必要的。每一种资产管理政策都对应着相应的筹资政策，以构建出一套完整且有效的财务运作系统。这种匹配关系可以概括为以下几类。

1. 实施较为宽松的短期资产持有政策

如果一家企业采取的是宽松且偏向短期资产持有政策，那么其所持有的流动资本会相对较多，以支撑一定的营业收入规模，从而降低了企业的现金流及还债压力等方面的潜在风险因素。然而，这种政策也可能导致过高的短期筹资比率，影响该企业的收益表现。因此，不同类型的短期筹资政策可能会带来截然相反的结果：选择一种兼顾风险回报的中庸方案（如配合型的借入）并不能对宽松的短期资产持有政策起到中和作用，反而会导致整体上的经营安全性和利润空间被压缩得更严重——这是以一种较为保守但又缺乏创新的方式。反过来讲，采取更冒险并且追求更高利润的激进型筹资政策，可以适当缓解过度积累于临时性质的项目导致的经济稳定度不足的问题，同时能保证整个业务流程中的各种变数保持在一个可控范围内，而不致太大的波动或失衡现象的发生。此外，那种既无明显优势也不存在劣势的安全操作法则是最佳的选择之一，因为它能够最大限度地避免因上述两种极端情况发生后给自身造成的损失扩大化效应。

2. 实施适当的短期资产持有政策

如果企业采取适当的短期资产持有政策，那么在特定销售收入层面上，其持有的短期资产规模是合适的，这有助于平衡企业的风险及收益。然而，搭配使用不同类型的短期筹资方式可能会带来各种组合效应：选择配合型筹资政策可以使整体风险和收益维持在一个均衡状态，而激进型的筹资政策会提升企业的整体风险和收益。相反，稳健型筹资政策会降低企业的整体风险，影响企业收益。

3. 实施紧缩的短期资产持有政策

如果企业采取紧缩的短期资产持有政策，那么在特定销售收入条件下，其短期的资产占比就会降低，这可能导致企业的财务流动性和债务清偿压力增加，但同时提高了其收益率。在此情况下，我们使用三种不同类型的短期筹资政策与之匹配，会带来各种复合效应：选择配合型筹资政策不会对整体的风险及回报造成显著的影响，企业的风险仍然偏高且收益不错；选用激进型的筹资政策，则将两种高风险、高回报的选择结合在一起，从而加剧了企业的风险程度，并相应地提高收益；若选用了稳健型的筹资政策，那么对于这种紧缩的持有政策会有一定的平衡效果。

（六）对企业投资风险和回报的影响可通过企业筹资政策观察

企业投资风险和回报会因不同类型的短期投资政策而有所差异。在总资金保持稳定的前提下，如果短期筹资增加，那么报酬会相应提高。换句话说，由于大量使用了成本较低的短期筹资，企业的盈利将提高。然而，如果此刻的部分资产占比维持不变，那么短期债务的增加将会引发流动比率下滑，短期内还款水平下降，从而增加企业的偿债风险。

二、自发性负债筹资

自发性负债筹资是指在企业的正常运营中，因结算流程的影响而产生的短期负债。这种筹资一般涵盖两个方面：商业信用和应付账款。

（一）商业信用

商业信用指的是由买卖双方延迟支付或者交付货物导致的借贷关系，这是一种公司间的直接信用关联。这种信贷形式源于金钱和物品的时间差异，并在此前有银行信用的阶段就已经开始，随着银行信用的兴起其持续存在，在企业的财务活动里占据着重要地位，并且是获取短期资金的一种主要手段。

商业信用的使用非常普遍,在短期债务投资中占有较大比重。对于大型供应商提供的高额设备,购买方可以选择延后付款。这实际上为项目主体提供了资金流动性。

1. 商业信用的条件

信用条件指的是供应商对于支付期限和现金折扣的具体设定。比如"2/10,n/30"代表了一种信用条件,它的意思是在十日内完成付款,客户可享受2%的折扣;如果超出这个时间段,则不会享有任何折扣,而信用期的时长为三十日。总的来说,信用条件主要有以下几种表现方式。

(1) 预付货款

在未获得商品或服务前,买方会向卖家支付款项,这种情况通常出现在以下几个场合:卖家已经知道买家的信用状况不佳,生产周期较长、售价偏高的物品或服务,卖家提供的商品是非常稀缺的。

(2) 延期付款,但不提供现金折扣

在这样的信用条件下,卖方同意买方在交易完成后的一段时间内根据发票金额支付。在这种情况下,双方都有商业信誉,买方可以通过延期支付获得短期的资金来源。

(3) 延期付款,但早付款有现金折扣

在这样的信用条件下,如果购买者提前支付款项,将获得卖方提供的现金优惠。如果购买者选择放弃这种优惠,就必须在规定的时间内偿还所有的账单。这主要是因为卖方希望能够加快收款的速度,以便更快地实现资金的回流。

2. 商业信用的形式

企业依靠企业信用筹措企业流动资金,一般有以下两种方法。

一是赊购商品。

赊购服务是最常用且最典型的商业信用方法。在这种情况下,交易双方进行产品和劳务的交换,但买家在收到产品或者接受服务后并不马上付款，而是等待一定时间后再支付。

二是预收货款。

在预收货款模式中，卖家需要先从购买者那里获得一定的货物或服务费用，然后在一段时间后交付给他们相应的物品或是完成服务。这相当于向消费者借款，是另外一种常见的商业信用方式。一般来说，对稀缺的商品，消费者更倾向用这个方法获取，因为这样可以确保他们的需求得到满足。如果卖家提供的商品或服务成本高昂且生产过程漫长，如大型设备和建筑项目，若没有提前支付一些费用，可能会导致产品的生产或服务的延误，因此卖家也可能选择逐步地向客户收取预付款项。

商业信用的具体表现形式包括应付账款、应付票据和预收账款等。

（1）应付账款

企业为了采购产品或者服务暂时没有完成付款义务，这意味着卖家给予了客户在购买和使用之后一段时间的付款宽限期。通过这样的方法，卖家希望能够刺激销售额增长。对于买家而言，延迟付款相当于从卖家那里借款来获取所需的产品和服务，从而解决了企业的短期资金需求问题。

相对于应收账款，应付账款也存在如支付时限、回扣等信用要求。应付账款可被划分为免费信用、有代价信用和展期信用。

免费信用：在特定的折扣期限内，购买者企业能够享受到的信用，被称为免费信用。

有代价信用：购买方公司愿意为了降低折扣而付出的代价。

展期信用：买方公司在法律规定的信用期限内推迟付款，从而被强行获取了展期信誉。

1）应付账款的成本

企业利用应付账款这种商业信用方式进行筹资也需要承担一定的成本，即筹资的费用。根据应付账款的类型，其信用成本可分为以下三种。

一是免费信用。若卖家未提供任何现金优惠或能够迅速支付而获得这些优惠，购买者利用卖家的商业信用就没有成本。

二是有代价信用。如果卖方提供了现金优惠，而买家并未得到优惠，那么买家需要承担因放弃折扣所产生的隐性利息成本（实际上是一种机会成本）。通常来说，买家放弃现金优惠的成本公式如下：

取消现金打折的成本 = 打折百分比 /（1– 打折百分比）× 360/（信用期 – 打折期）

三是延期支付的成本。如果买家超出了预设的信用期限再进行支付，那么买家利用商业信用隐含的利息支出将减少。推迟支付时间越久，其利息支出就越低。

2）利用现金折扣的决策

当存在信用条件时，由于需要负担各种形式的信用费用，购买者企业必须决定如何使用这些信用方式。通常情况下，若能够以比放弃折扣包含的隐形利息成本更低廉的利率借到资金，那么其应当利用这笔借款在现金折扣期限内偿还债务并享有优惠价格。否则，他们可能选择放弃这个机会。假如其在折扣期间把应付账款投入短期的投资项目，并且其产生的回报率超过了放弃折扣的隐含利息成本，就该舍弃折扣以便获取更高额的回报。然而，如果企业没有足够的流动资金，想要延长还款日期，就需要权衡减少放弃折扣的代价和延期付款造成的潜在损失的关系。延迟付款可能会导致企业的声誉受损，从而失去供货商甚至其他的融资渠道的支持，或者未来被迫接受更严格的信用条件。

（2）应付票据

当企业需要延迟支付购买货物的款项时，会发行一种名为"应付票据"的凭证来记录他们的权利与义务关系。这种票据有两类：一类是由商家签发的商业承兑汇票，另一类是由金融机构（通常为银行）发行的银行承兑汇票。这两种类型的票据的最长期限不能超过六个月。它们既可能是带有利息的，也可能是无息的。相较其他融资方式，应付票据的利率往往较低，并且不需要维持相应金额的储备或缴纳手续费用，因此其资金获取成本相对更低。然而，如果未能在规定期限内还款，则需承担罚款责任，因而风险较高。

（3）预收账款

预收账款是指卖方企业在交付商品前，已向买家预先收取部分或全额的货物费用。对于卖方而言，这种做法等同于借给买家资金并以商品偿还。预收账款常被应用于生产周期较长且需要大量资金的产品销售。

同时，企业通常还会面临一系列由无形资产交换引发的但也是自主融资产生的预支成本，如员工工资、税收和其他待偿债务等。这些预支成本使企业的收益先于支出发生，就如同享受到了出借方提供的贷款，这在某种程度上有助于减轻企业的财务压力。

3. 商业信用融资方式的优缺点

（1）商业信用融资方式的优点

1）筹集资金的方便性。商业信用是一种非常有效的融资手段，因为它与商品交易同步进行，无须进行任何正规的筹资程序，也不必另行办理相关的筹资手续。

2）如果没有现金优惠，或者企业并未放弃这些优惠，同时使用了无利息的应付票据和预收款项，那么企业通过商务信用筹资就不会产生实际成本。

3）商业信用筹资的限制条件相对较少，选择余地更大，条件也比较优越。

（2）商业信用融资方式的缺点

1）商业信用筹集资金的期限都很短，假如中小企业希望获取现金优惠，那么这个期限会更短。

2）筹集资金的规模相对较小。通过商业信用来筹集资金一般只能获得小额的资金，而不可能获取大量资金。

3）常常会产生较高的费用。假如企业选择放弃现金优惠，那么必须承担极大的资金成本，并且在商业信用欠规范、当事人信誉不佳的情况下，风险相对较高。

（二）应付账款

应付账款，是在企业的生产和经营过程中因结算关系而产生的各种应付但尚未支付的费用。这些账款从发生到实际支付的时间段有一定的距离，因此形成了企业的临时资金来源，如应付给员工的薪资、各类应缴纳的税款等。

三、短期借款

短期借款是企业从银行和非银行金融机构那里获得的有效期不超过一年的借款。在所有短期负债融资方式中，只有商业信用比它更重要。这种类型的借款能够根据企业的需求调整，方便运用，并且获取相对容易。然而，其主要缺陷在于必须在短期内偿还，尤其当有许多附带条件时会增加更多的不确定性和风险。

（一）短期借款的种类

根据借款的目的与使用情况，短期借款可划分为用于生产的周转借款、临时借款、结算借款等；根据还款的方式可以划分成一次性的归还借款和分期偿还借款；根据利率的计算方式，短期借款可以区分为收款法借款、贴现法借款，以及加息法借款；根据是否存在担保人，分为以物权作为保障的借款和依赖信用的借款等。

（二）短期借款的还本付息方式

1. 本金偿还方式

短期借款的还款方式主要有一次性偿还和在借款期限内定期偿还两种。通常，借款者会选择后者作为还款方式，而相对于前者，他们更愿意选择一次性偿还。

2. 借款利息的支付方法

通常借款企业可以采用以下三种方法支付银行的借款利率。

1）收款法。当借款期满时，它会向商业银行支付利息。大部分的工商企业在接受借贷时选择这一方式来获取利息。

2）贴现法。这是一种计息方式，在金融机构向中小企业发放贷款时，先从本金中扣减利息部分，期满时借贷企业需要全额归还借款人的本金。采用这一方式后，借款人实际获得的利率会超过其名义利率。

$$贴现法的实际利率 = 名义利率/（1-名义利率）\times 100\%$$

3）加息法。以提高利率的方法处理的情况是在银行为客户提供定期、均摊还款方式时的资金成本提取手段。采取这种定时定量的付款模式时，金融机构需要把按照名义利率算出的费用加入借贷总值，从而得出现有的债务及应付款项（包括原始价值与累计产生的所有相关支出）并设定相应的期限让企业逐月归还累积起来的全部欠债及其产生的相关开支。

四、短期融资券

（一）短期融资券的概念

短期融资券，又名商用支票或者短时证券，是由大型的商业企业或金融机构签发的无担保的本票形式，它是一种新兴的短期内筹集资金方法。

作为一种由借款方出具并承诺于一定期限内向贷款方偿还指定款项的债务证明文件，商业票据是大型且声誉良好的企业筹措短期资金的主要方式之一。由于其信用度高和资本充足的特点，它成了企业获取短期融资的一个重要渠道。通常情况下，商业票据的发行主体为那些具有良好信誉和强大实力的公司，其面值也往往较高。

（二）短期融资券的种类

根据各种标准，可将短期融资券分为多个类别。

1. 按发行方式分类

根据发行方式的差异，短期融资券可以被分为由经纪人代理销售的和由发行者直接推出的。

1）短期融资券的经纪人代销，也就是间接式推销，是先由发售者将其卖给经纪人，然后再由他们把这些短期融资券卖给最后投资人。当企业委派经纪人进行短期融资券的发售时，必须向经纪人缴纳相应比例的手续费（佣金）。

2）短期融资券的发行者直接向最后投资人销售，这一般是从事金融服务的公司。这种方式能够减少间接发售时需要提供给经纪人的手续费用。依据相关规定，国内的工商组织需要通过合格的专业机构推广其短期的借款凭证，企业不能自主出售其发行的短期融资券。

2. 按发行者分类

由于发行者的差异，短期融资券可划分为金融服务企业和非金融企业的短期融资券。

1）短期融资券在金融企业中主要由各大企业的财务部门、各类投资信托机构及银行控股公司等发行。这种短期融资券通常采用直接发放的形式。

2）非金融企业的短期融资券是一些未成立财务管理有限公司的非金融中小企业发放的。这类企业通常规模较小，大多采取间接方式发行。

3. 按发行和流通范围分类

根据发行和流通的范围差异，短期融资券可分为国内和国外两种。

1）国内短期融资券是一个国家的发行者在本地市场上发放并进行交易的证券。这种类型的证券要求遵守该国的法律和市场经济规则即可。

2）国外短期融资券是某个其他国家的发行者在其市场之外或其他地区发放和流通的融资券。这类证券的发售必须遵守相关国的法律规定，以及全球金融市场的惯例。

（三）短期融资券的发行程序

在我国，企业发行短期融资券，一般要按以下程序进行：①做出筹资决策。②选择承销商。③办理信用评级。④向审批机关提出申请。

⑤审批机关审查和批准。⑥正式发行，筹集资金。

（四）短期融资券的成本

短期融资券的成本主要由利息费用和非利息费用构成。其中，利息费用是根据贴现率来决定的；而非利息费用主要涉及发行和销售过程中产生的各种花费，如评级费、保证费及承销费等。

短期融资券是采用贴现方法发行的，利用票据贴现，持有者可以将未期满的票据以小于其面值的价格出售，从而获取货币资金。在期满时，卖家需要偿还买家的票面本金。商业票据年融资成本主要根据票据的期限和借款的利率水平确定。年融资成本的计算公式为：

$$短期融资券资本成本率 = \frac{票面利润}{1 - 票面利润 \times \frac{票据期限}{360}} \times 100\%$$

通常情况下，那些发行短融资券的企业都会预留一定的信用额度以应对可能出现的突发问题和需求。一旦其无法按时支付已到期的融资券或面临其他财务困境，这个备用信用额度就会被启用以解决问题并保障企业的正常运营不受影响。然而使用这些信用额度需要每年向相关金融机构缴纳一定比例（如 0.25% ～ 0.50%）的管理费作为回报，这也增加了企业的经营负担与开支压力。

（五）短期融资券的评级

期满时，商业票据需要返还，这带来了较大的经营风险。此外，对于投资者而言，因为可能会遭遇票据发行者无力支付款项的困境，所以在票据市场上，对票据发行者的信用等级有严格的规定，信用等级较低的票据发行成本相应更高。

第二节　长期筹资管理

为维持持续经营与发展，企业必须定期储备一定的长期资本。这主要是出于购买设备、获取知识产权、实施长期投资、为长期流动资产提供支持等目的。这些长期资本通常来自投资者注入的资本、发售股份、出售债券、长期贷款及融资租赁等途径。

一、长期筹资概述

（一）长期筹资的概念

长期筹资是公司作为一个筹资实体，依据自身的商业运营、项目投资及优化资产负债表长期资金需求，通过长线的筹资途径与金融市场，利用长线的筹资手段，以高效且经济的方式获取并聚集长期资本的过程。这是所有公司的主要筹资内容。因此，对每个公司来说，长期资金的募集都至关重要。

（二）长期筹资的意义

在企业的生存和发展中，资产数量必须一直保持稳定。由于生产经营活动的不断变化，企业通常需要额外筹集资金。

为保持一定的供需平衡并获得投资回报，企业在进行投资活动时通常也需要筹措资金。

企业需要根据外部和内部环境的变化，适当地调整其资本构成，同时需要及时筹集资金。

（三）长期筹资的原则

企业进行长期资金筹措是其基础财务操作，这也是增大产量和营业规模及调节资产构成必需实施的策略。要有效获取长期资本，长期资金筹集就需要遵循合法性、效益性、合理性和及时性等基本原则。

1. 合法性原则

在筹资过程中，企业需要遵守财经法规，并且要尽职尽责，保护自身权益，防止遭受损失。

2. 效益性原则

企业需要仔细研究投资的机会，分析筹资的成本和收益，以寻找最优的筹资方案。

3. 合理性原则

需要适当地确定筹资的数量和资本构成，同时需要考虑筹资的周期。

4. 及时性原则

在筹集资金和投入资金的过程中，必须遵守及时性原则，重视时间因素对结果的影响。

（四）长期筹资的渠道

企业的长期筹资依赖特定的筹资方式和资本市场，每种方式都有其独特性和适用性，因此需要对其进行深入的分析和研究。

长期筹集资金的途径主要涵盖政府财政资本、银行贷款融资、非银行金融机构融资、其他法人融资、民间融资、企业内部融资，以及外国商业融资。

（五）长期筹资的类型

根据资本性质的差异，企业的长期筹资可划分为股权型、债务型和混合型。

二、权益资本筹集

（一）权益资本筹集概述

通过股权筹资的方式，企业可以建立自己的股本，也被称为股东权益或自我所有资本。这种方式包括吸引直接投资、发布股份及从企业的运营活动中累积盈余等途径获取资金。这些资金代表企业股东对于企业的投入及其在企业营收中的剩余价值，也是他们作为股东享有的权利与需要履行的义务的基础，这在财务报表上被反映为股东权益，是一种由法律赋予且能持续拥有的资产，能够独立调整使用。

依据国内的相关法律体系设定，公司的股权资本被分为实收资本（股份公司称为股本），资本公积盈余公积及尚未分配的利润。依照全球通行的标准，通常把投资者所持有的所有权份额加以区分。一部分是初始出资款项，即所谓的股本、资本公积或是实收资本；另一部分是留存收益，也就是留存利润、保留盈余，相当于我国的盈余公积和未分配利润。公司可以接受来自股东的现金或非现金形式的投资，可以通过盈利分红的方式从公司的净收益中提留盈余公积，也可以选择暂时不分发或减少对股东的股利支付来获取运营所需资金。实际上，只有当股东提供新的资金时，才能直接影响企业的资本规模和资本构成。

股权性筹资具有以下特征。

1）企业所有者拥有股权资本的完全所有权。他们根据法律，参与企业的运营管理及盈利分配，并对企业的债务承担有限责任。

2）企业对股权资本依法享有经营权。

（二）企业资本金制度

权益资本的重要构成部分就是资本金，而且一定数量的资本金是企业获得债务资本并维持适度偿债能力所必需的。

1. 资本金的概念及构成

资本金，即在工商行政管理部门备案的注册资金。这种类型的公司注册资金因其所属公司的种类不同而呈现不同的形态。对于股份制公司而言，他们的注册资金被称作注册资本；而在其他一般型公司中，它被称为实收资本。项目的注册资金，也就是在整个项目总投资中投资者承诺支付的部分，这部分资金属于非债务性的投入。

根据投资者的不同，资本金可分为国家、企业法人、个人和外商四类。

2.资本金的筹集

（1）资本金的出资方式

根据中国的法规要求，资本金的出资途径主要有两种：一是利用现金流入及实物、知识产权、未公开的技术、土地权益等无形财产折算成投资，二是通过发行股票的形式获取所需的资本。若选择后者，则需由具备资质的资产评价公司依据相关的法令对这些无形资产进行定价，避免过高的估计或是低于实际价值的情况出现。需要注意的是，用知识产权、未公布的技术、土地权益等无形资产折算成的投资比例不能超出总投资金额的 20%，但在特定条件下可以突破这一限制至最高 30%。

（2）资本金的筹集期限

企业需要根据国家相关的法律、规章和合同，决定是一次性筹集还是分期筹集资本金。

对于需要一次性筹集的，应在发放营业执照后的六个月内筹集完毕。

对于那些需要分期筹集资本金的企业来说，最后一轮资金投入需于颁发商业许可证后三年内完成。首次募集投资者的初始注入金额不能少于 15%，且该部分资金需在获得经营许可后的三个月内支付完毕。此外，国内任何企业的筹集资本金活动都应该由中国的注册会计师进行审计并提供相应的验资文件，以此作为向投资者发放出资凭证的基本依据。如果投资者未能按照合约、协议及企业的规章制度规定的时间和额度履行其义务，则视为投资者违反了契约规定，他们应对此负责。

（3）资本金的法定额度

设立企业的必要条件是拥有最基本数量的企业资本金。我国现行的《中华人民共和国公司法》对新成立或改组后的各类股份制和非股份制的商业机构所需持有的初始出资金额的规定如下。所有类型的上市公司都应以至少达到 500 万元的注册资金规模作为起点的门槛要求，而如果该上市公开发行股票后实际募集到的总资产超过了这个起点标准，则可以按照相关法律法规的要求进一步提高这一标准的上限值以满足需要。有限责任公司的注册资本最低限额为 10 万元。

3. 资本金的管理

为保护股东利益并精确计算企业的盈利亏损，保证资本金安全且完整，必须加强对企业的资本金管理。制定资本金管理制度的主要目的在于推动企业逐渐建立独立运营、自行承担风险、自我监管的经营模式。资本金管理的核心原则是保持资金稳定，其涵盖了资本金及预留资本金（资本公积金与未分配利润）的管理范畴。

（1）坚定地实施资本金保全政策

企业募集资金后，根据法律行使其运营权利。在企业运作期间，除了按照法定流程并通过合规途径完成股权转移，股东不能采取任何手段撤回他们的投资。必须依照契约、协定履行他们对公司的出资承诺，共享收益，承担风险与损失。如果公司或者其他的股东没有遵守约定，未能尽到应有的职责，那么应当被追责。

（2）财务部门需要构建完善且有效的资本金管理体系与流程

企业需设立"实收资本"或者"股本"等会计项目来处理各类投资者的出资额问题。同时按照投资者类型对这些资本金做出细致划分，并准确地追踪其增减变化及其余留状况。

（3）企业的实收资本和注册资本应始终保持同步

一旦企业需要扩大其资本或者利用资本储备或盈利积累提升其资本规模，就需到相关政府机构完成相应的注册资本调整的法律流程。除了特定的情况应按照规定的要求经过相关部门审核并获得许可，企业的运营过程中出现的所有业务活动都不能用来减少其资本金。

（4）资本公积可以通过法律途径转变为实际资本

需要对资本公积的管理与计算加以重视，确保准确无误地记载并展示其产生及增长的变化情况。需要注意的是，收到的赠予物品、资产估值提升，以及预留投资资金等不能用于增加资本。

（5）利用好企业的盈利储备

企业的盈利储备是从税收后的收益中按照规定的比例提取出来的累积资金，它可以被用来填补未来的损失或者支付给投资者的分红使用，也可以转化为增加企业的资本金。因此，企业需要对自己的经营状况及财务数据有更深入的研究，并实施有效的监管措施，确保符合法律要求，并且根据董事会决定，提取法定盈余公积、任意盈余公积和满足社会责任的要求的公益金等。如果企业的法定盈余公积已经达到了其注册资本的一半，可不再提取。企业用法定盈余公积转增资本后，其留存数额不能低于注册资本的25%。

4. 企业资本金制度的作用

企业的资金来源和管理方式被视为国家的法律法规规定的一部分，这主要是通过《中华人民共和国公司法》和其他相关法规实现的。

建立企业资本制度的核心功用一般表现在以下四个方面：①有助于明确产权关系，确保所有者的利益。②有利于维护债权人的合法权益。③有助于确保企业的生产和经营活动顺利进行。④有利于精确计算盈亏，并对企业的经营成果进行合理评估。

企业资本金作为主要的资金来源，构成了企业的财务基础。同时，各类资金来源包含了大量不同类型的借款。随着市场经济的持续发展，企业无法避免其背负的债务比例逐渐增加。企业的负债除一些是由商品交易和劳动服务过程中为了短期融资需求而产生外，还有很大一部分是为满足业务活动的长远扩张及填补自身资金短缺的需求而借入的。

（三）吸收投入资本

1. 吸收投入资本的主体和种类

对于非股份制公司而言，通过合同或类似手段吸引来自政府、其他公司、私人和社会投资者及外国投资者的资金，构成了其融资策略的一部分。吸纳外部投资与发行股票都是获取权益资本的方法，然而，前者并不依赖证券这一媒介，后者则使用了股票这样的金融工具来实现。

非股份制企业筹集权益资本的基础途径是吸收投入资本。

筹集投入资本的主体为那些需要融资以获取投资资金的公司。根据本章的内容，当前存在三种主流的企业制度，即独资制、合伙制和公司制。在中国，公司制企业分别为股份有限公司和有限责任公司（含国有独资公司）。只有当一家企业的股权不被分割成等额的股份且未上市时，才能使用这种投入资本筹资，这涵盖了独资企业、合伙企业及有限责任公司。此外，从产权的角度来看，还包含国有企业、集体企业、民营企业，以及中外合资或者共同运营的企业。

根据权益资本的构成，投入资本可分为以下四类：国家直接投资，其他企业、事业机关等法人组织的直接投资，企业员工和城乡居民个人的直接投资，境外投资人及中国港澳台地区的投资人的直接投资。

2. 吸收投入资本的主要出资形式

（1）现金出资

使用货币资金对企业投资是一种关键且主要的吸收投入资本的出资方式。这样一来，企业能够获得足够的流动资金以购买建设工程需要的各类原料与工具，并承担相关开支，具有较大的自由度。因此，为了吸引更多的投资者加入，应该鼓励其尽量选择现金作为投资手段。然而，各个国家的法律或者关于投资的规定通常会明确指出，现金投资占到整个资本规模的比例应有一定的限制。根据中国的《有限责任公司规范意见》，至少需要达到公司法定注册资本最小值的50%能使用现金进行注资，但是当前并没有在全国范围内的统一标准，其他的所有权结构型企业的投资过程则必须通过股东之间的商议决定。

（2）实物投资

实物投资是对房地产、建筑物、机械设备等固定财产及原料、能源、产品等流通资产实施的投资行为。实物投资需满足以下条件：适应企业生产、运营、研发等方面需求，具备优良的技术特性，定价公正且合理。对于实物的投资价格,可以通过参与者间的谈判决定,也可选择雇用专业的资产评价组织进行估算。

(3)工业产权、非专利技术和商誉投资

一般而言,工业产权包括商标权利及专利权益等。企业接受这些类型的财产投入需要满足一定的条件,即能推动企业的研发与制造新科技产品的进程;可以提升企业的生产效能,提高产品质量;能降低生产成本。因此,当接纳这类资产作为投资对象时,企业必须做深入的研究以评估其实用性、收益率及其更新频率,并且恰当地估算价值,避免在短时间内出现显著的价格下跌。

(4)土地使用权投资

土地使用权是拥有合法获取的土地并在一定期限内能够进行建设、生产或者其他活动的权利。这种用地权益具备一定的自主性,即在用地权益有效期内,任何个人或机构都不能无故收回土地,也不能对用地方施加不当的影响。用地方可以通过土地使用权进行投资。企业接受用地权益作为投资必须满足以下条件:能满足企业的研究、生产、营销等方面的需求,地理位置及交通运输状况良好。在中国,土地归国家所有,只有土地使用权可用于投资而非产权本身。一旦企业获得了土地使用权,就无法将其售卖或用作抵押。

3.吸收投入资本的程序

通常企业需要按照以下步骤吸收其他单位的直接投资。①确定筹资数量。②物色投资单位。③协商投资事项。④签署投资协议。⑤取得所筹集资金。

(四)发行股票

发行股票是公司筹措自身资金的手段。

1.股票的概念

股票是一家股份有限公司发行且表明股东根据他们持有股份享有一定权益及履行相应职责的有价证券。它是证明个人或机构具有该公司部分产权的一种凭证或者说是一种象征性的标志物,而那些购买了这些股票的人就是这家企业的股东。

股票筹资是公司筹措权益资本的主要手段。

2. 股票的种类

股份公司通常会依据各类筹资者和投资者的特定需求，推出各式各样的股票。按照各种标准，可以对股票进行多样化的分类。

（1）根据持有人所享有的权益与责任划分

可以把股份划分为两类：普通股股票（一般公众投资者持有）及优先股股票（由特定机构或个人拥有并享有特殊待遇如分红等），这是一种最普遍的方式。普通股股票，简称为普通股，是由有限公司合法发行的一种拥有投票权、管理和决策权，以及不固定利润的股票。这类股票展示了股票最基本的特性，是有限公司资金的主要组成部分。优先股股票是与普通股股票相对应的一种特别股股票。它指的是股份有限公司发行的在公司收益和剩余资产分配方面比普通股具有优先权的股票。优先股股票并不完全具备通常定义的股票的一般特征，是具有股票和债券某些共同特点的证券。

（2）根据是否记录持有人的名字划分

可以把股票划分为两种：一种是记名的，另一种是不记名的。前者会在票面注明所有者的姓氏或者全称。只有这些被登记的人才能享有该项权益并参与投票等活动，而且必须遵循严谨的规定流程，以完成交易过程中的产权转移工作。中国的相关法规明确指出，面向创始人和政府指定的企业发放的所有权凭证都属于这一类别的范畴。而不记名股票的特点不会标明拥有者的身份信息，这意味着只要拿到这支股票就代表已经获得了相应的权利，并且能够随意买卖而不必再经过任何其他步骤更新注册资料等。

（3）根据证券是否有明确的价格标识划分

可将其划分为面值股票与无面值股票两种。面值股票是被印刷上一定金额的股票，无面值股票是没有具体标有金额仅注明了它们占据公司的全部资本份额比例或者数量的股票。公司的资产变化会引起无面值股票的价格波动，同时，股东拥有的权益及需履行的责任大小完全取决于他们持股的比例。然而，《中华人民共和国公司法》并不支持无面值股票的存在，该法要求所有的股票必须标注出相应的面额，且发行价不能低于该面额。

（4）根据股东的差异划分

可以将其划分为国家股、企业法人股、个人股和外资股。由具备权力的国家机关或者组织利用国有的资源对公司的投资所产生的股权被称为国家股。通过法律手段，拥有法人身份的企业、事业单位和社团等可以使用被政府许可用于商业运营的资产来为企业提供资金支持，从而产生法人股。此外，社会个体或公司员工也可以用自己的私人财富参与公司的融资，由此产生了个人股。外国投资者可以用他们的货币作为资本注入公司，这便形成了外资股。

（5）根据发售目标与市场区域的差异划分

可把股票划分为 A 股、B 股、H 股及 N 股等。具体来说，A 股主要针对的是中国居民或者公司，其价格标注是以人民币计算且用人民币购买和出售。而 B 股、H 股和 N 股专门面向海外（包括中国港澳台地区）和国外的投资机构，它们的价值标识虽然以人民币表示，但使用外汇支付和交易。特别地，B 股是在上海和深圳挂牌上市的，而 H 股是在中国香港上市的，N 股则在美国纽交所上市。

3. 股票的发行程序

所有国家都严格遵守股票发行的法律流程，未经过规定流程的股票将被视为无效。公司发行股票时，有原始股发行和新股发行两种方式。

公司发行原始股包括以下几个步骤。①创始人确定公司的注册资本，并认缴股款。②提交发行股票的请求。③发布招募说明书，编制认购文件，签署承销合同。④接受股份并支付股金。⑤举办成立大会，选出董事会和监事会，处理公司设立登记，交割股票。

公司的新股发行流程包括以下几个步骤。①制定发行新股的决议。

②提交新股发行申请。③公布招股书。④招认股份。⑤进行董事和监事的更替，并完成相关变更登记。

4.股票的发行方法与推销方法

（1）股票的发行方法

股票发行的方法主要有以下三种。

其一，公开发行与非公开发行。公开发行指企业为获取资本而通过券商向大众出售股票的行为，也称为公募发行。公开发行的主要优势在于能够增加股权的多样性和降低对单一所有者的依赖，同时有助于提升股票的市场适应度。非公开发行则特指企业将其股票卖给企业员工或与其业务相关的法律实体（创始者）的过程。这种行为也称作内部分配或者私人销售。

其二，直接发行与间接发行。前者的运作模式为企业自行负责筹集资金并面对相关的风险；后者是通过把股票委托给诸如财务顾问、资产管理组织或者券商这样的机构包销，包销者赚取差价收益，中介支付一定费用来完成募股，股份有限公司不必承受任何潜在的市场波动带来的风险。

其三，增资发行。这个过程涉及已经发行股票的公司，在一段时间后为了增加股本而发行新的股票。这种增资方式可以分为有偿和无偿两种。

公司有偿增资有两种形式：配股和增发新股。其中，配股包括针对现有股东和非股东的两类配股策略。第一种情况是当股份制企业扩大规模并增加新的股票数量时，会根据固定的比例为现有的股东提供购买这些新增股票的机会，同时允许他们按照特定的配股价位优先选择新股票。而第二种面向那些不在原始股东之列的人，如员工、商业伙伴或者其他有友好关系的个人或团体，他们的出价通常比旧股票市场价值更低，因此常常能从中获益。然而，如果此方法使用不当，可能会被误解成公司利用人际关系牟取私利的手段。增发新股是指公司为了增加资本，面向社会，股票增资发行无特定对象增发股票。

无偿增资，也就是我们通常所说的送股。这种方式可分为两类：一类是将当年分发给持股者的分红转化为增资，另一类是通过新发行股票替代原先准备派发的股息和分红。

（2）股票的推销方式

发行股票的成功与否，最终取决于能否将其全面推广。对于公开向社会发行股票的企业来说，他们的销售主要有两类，即自销或者委托承销。

1）自销，即企业通过自身渠道直接把股权卖给投资人而非借助券商的代理销售。此种方法能降低股票发行的费用，然而其全部的风险都落在了发行方身上，这并非一种常见的策略，通常只用于那些发行风险较低、流程相对简便且规模有限的股票发行。

2）委托承销指企业将其发行的股票交予专业的券商代售的过程，而这些被委托的专业经纪人被称为证券承销者，他们通常由一些特定的经济组织担任。这种方法已经成为全球范围内广泛使用的股票发行策略之一，并得到了法律的支持与认可。根据中国现有的法律法规要求，无论是初次成立的企业需要募集资金以建立其基础架构，还是企业在现有基础上增加资本从而扩大规模，都需要通过合法注册设立的证券经营机构承销。

承销有两种具体的销售方式，即包销和代销。

股票发行的包销是通过发行方和金融服务提供商签署销售合同，全面授权其代为出售公司的所有新股。此种方式通常是让金融服务提供商购买并向公众出售公司公开发行的所有股票，在设定的筹款期内，如果实收资金未达到预期目标，剩下的份额会由金融服务提供商收购。

发行公司采用包销策略，可以有效推动股票的流通，迅速筹集资金并避免承担发行风险。同时，这也有一些不利因素：需要将股票以较低的价格出售给负责承销的证券经营机构，而且实际花费的发行成本相对较高。

股票发行的代销，是由证券营销组织负责代销证券的发行工作。

若在募集期终了时，实际筹得的份额数量未能达到预定的份额数量，那么证券承销组织并不会购买剩下的份额，反而将尚未卖出的份额返还给发行企业，这样就必须由发行企业承担所有的发行经营风险。

依据中国法规的规定，如果一家企业计划向公众出售其股份且预计金额超出3000万元或是预期的交易量达到5000万元，则该企业的股票售卖工作必须交由两个以上承销机构组成的承销团来负责。这个承销团通常会包含总承销商、副总承销商、分销商。主承销商的选择方式是基于公平公正原则，以投标或者谈判的方式达成协议确定。

5. 股票发行价格的确定

公司的股票发行价格是其向投资方销售股票时的价位，即购买者对股票的付款金额。这个价格往往基于股票价值、市场状况和相关影响因素设定。初次上市的新公司，由创始团队负责决定，而对于扩大融资规模的企业来说，需要依赖他们的管理层或者股东会议做出决定。

（1）股票价值的种类

通常股票的价值可分为票面价值、账面价值和市场价值三个部分。

1）所谓的票面价值即面值，指的是股票上标注的价格，通常是按照每一股份计算，通过每个股份的投资额度展示。这个数字仅代表了投资者对企业的总投资比例，同时作为决定股权、投票权和利润分红的基础，并不涉及企业的实际财产状况。

2）账面价值，又称净资产值，是衡量股票内在实际财产价值的一种方式。它通过参考公司的财务报告数据确定，其数值精确且可靠，因此成为证券交易商和投资者研究股价走势及估算投资风险的重要工具。若一家企业的净资产值较高，那么其股东可能会获得更多的回报，此时若该企业股票的价格相对低廉，则对投资者有利。

3）市场价值（交易市场价格），是股价在交易中的价值。这个数字通常与公司的盈利能力有直接关系，并受到众多因素的影响，是一个不断变化的指标。因其直接反映股票市场的情况，所以成为投资者参考的重要依据。

（2）新股发行价格的计算

新股发行价格的定价方式有很多，主要包括以下两种。

1）分析法，它的计算基础是资产净值，这与前述账面价值相近。其计算公式如下：

$$每股价格 = \frac{资产总值 - 负债总值}{投入资本总额} \times 每股面值$$

2）综合法，是基于公司的盈利能力来进行计算，这个结果接近市场价值。其计算方式如下：

$$每股价格 = \frac{年平均利润 \div 行业资本利润率}{投入资本总额} \times 每股面值$$

（3）股票发行价格决策

股票发行价格可以依据其面额及相关计算方式推算，但在实际发行过程中需要考虑具体的情境因素并做出相应的调整。对于一家具有多样化股权结构的企业来说，可能有必要采取多种策略来决定其股票的销售价格。一般来说，为了实现特定的目标或满足特定需求，股票的定价模式主要包括等价发行、时价发行和中间价发行三种类型。

1）等价发行，又称平价发行或面值发行，就是按照股票面值确定的价格发行股票。这种方法的主要优势在于简单且容易执行，并且不会受到市场波动的影响。但它也有一些不足之处：无法依据当前市场的股价状况设定新股上市时的报价。若企业的运营表现优秀并拥有良好的信用度，那么该种策略可能导致需求超过供应量从而使该企业错失通过高额收益率吸引投资者的机会。如果企业的业务发展不如预期或品牌形象不够好，即使采取相同的方式平价发行也不一定能获得企业成功。因此，总体来看，对于那些虽然有良好基础但是知名度的确不高的新兴上市公司而言，选择平价发行更合适。

2）时价发行。使用市价作为基础进行股票发行被称为"时价"或"市价"，它是根据当前市场上相同类型的股票的价格确定新的股票发行价格的。这种方式考虑到公司的现有股价，有助于提高股票的成功销售率。在美国等西方国家，时价发行股票被广泛应用。

3）中间价发行是按照证券市场的实际价值与其票面价值的中间值来确定其上市的价格。例如，一家公司的当前股价为20元，而每一股的票面价值是1元，如果这家公司以每股（20+1）÷2=10.5元的价格增加这种新的股票，就是采用中间值定价的方式。因此，中间值定价兼具时价和等价的特征。

对于股票发行价格的设定，也可以根据其与面值的关系进行分类，具体为以下三种情况。

a. 平价发行。即按照股票面额定价的方式发行股票，这是一种简单且不易受市场波动影响的股票发行方式。然而，其主要缺陷在于无法依据市场的股价状况设定合适的股票售价。若企业的运营表现优秀并拥有良好的口碑，那么采用这种方法可能会导致供应不足和需求过旺，从而使企业错失通过高价出售获得额外收益的机会。若企业运营表现一般甚至糟糕，并且品牌形象不够突出，则可能出现难以卖出的问题。因此，对于那些虽然运营良好，但是知名度较低的新股发行者来说，选择平价发行更合适。

b. 折价发行。这指的是以低于其名义值的价格出售股票，是基于发行者及销售代理间的协定，对股票的面值进行了一定程度的折扣后进行的交易。通常情况下，大部分企业并不会选择以此种方式发行股票，原因在于这仿佛暗示着该企业运营状况不良或者信用度较低，可能损害企业的品牌形象及其公信力。有些国家和地区甚至通过立法手段明令禁止使用折价发行模式。然而事实上，在某些特定环境下，折价发行仍具有实施的可能性。比如，我国在早期的股份制度试行阶段便采用了折价发行策略。那时，公众对于金融知识了解不足，股市上的股票需求量有限，因而不得不采用折价发行这一方法。而现在，《中华人民共和国公司法》已经明确指出，当股票上市时，不允许采用折价发行的方法。

c.溢价发行。就是指用高于股票票面额的价格发行股票。根据中国现行法律,如果企业选择使用高于票面金额为股票发行价格,必须经过中国证监会的相关审批手续才能实施,并将其所获利润计入企业的注册资金。对于那些已经成功完成首次公开募集的企业来说,需要按照相关法律法规的要求向公众披露他们的财务状况和经营计划等信息,以便让广大股东了解自己手中的权益是否得到了充分保障,从而做出明智的选择。值得一提的是,当一家上市公司决定采用这种方式时,通常情况下会参照一些重要的指标,如市盈率(按 5～8 倍的市盈率),同时还要考虑市场上类似公司股票的成交情况以及当前的市场利率等。

6. 普通股融资的优缺点

相较于其他筹集资金的方式,通过普通股筹措资金有以下优势。

发放普通股以筹集资金是永久性的,无到期时间限制,不要求归还。这对确保公司对资本的基本需求、维护公司长远稳定发展非常有益。

普通股的发行并没有一定的利息负担,是否支付或者支出多少都取决于公司是否盈利和运营需求。由此可见,经济波动对公司财务造成的压力相对较小。因为普通股的融资不存在一定的到期前还款压力,所以其筹资风险相对较低。

发行普通股获得的资金是公司最基本的经济来源,它揭示了公司的实力,可以作为其他筹款方式的根基,特别是能为债权人提供保障,增强公司的借贷能力。

普通股的期望收益率相对较高,且能在适当限度上抵抗通胀带来的负面影响(通常情况下,不动产价格升高时,普通股也会相应地增值)。因此,普通股在筹集资金的过程中吸引力十分强大。

然而,利用普通股筹集资金也存在一些不足。

普通股具有相对高的资金使用费。其一,对投资者而言,投入这种类型的股份存在较大的潜在风险和相应的收益需求更高;其二,就融资企业来说，他们需要用公司的净收入来负担这些分红，而非像债务一样可以预先扣除税收支出（因为它们的利率固定且可预测），并且在通常情况下，它们的发行开销也会比其他类型的产品高一些。

借助普通股进行融资或许会吸引更多的新股东，这有可能会造成企业权利的转移。另外，新企业在未发行新股之前累积的利润将会降低普通股的每股净收益，因而可能会造成股价下跌。

三、长期债务筹资

债务融资是一种特定的借款方式，其中包括从银行、其他金融机构和企业等处借入，并且有明确的还款时间、利息及本金。根据所用资本的使用期限不同，可将其分为长期负债融资和短期负债融资两大类别。

在中国的企业财务操作中，主要有三种长期债务融资方法：长期借款、企业债券及融资租赁。

（一）长期借款

企业借入的长期性信贷，即超过一年使用期限的商业银行或一些非银行金融机构信贷，主要目的是建立固定资产并满足对长期性流动资金的需求。

1. 长期借款的种类

企业可以根据自身的状况和各类借款条件选择多种长期借款方式。目前，中国的金融机构主要提供的长期借款如下。

根据借款用途，可以将其划分为固定资产投入贷款、更新升级贷款、科技研发和新产品试验性贷款等。

根据信贷提供者的差异，可以将其划分为政策性银行贷款和企业信贷等。另外，中小企业能从信托投资机构获得实物或货币形式的信托投资贷款，并且能从财务管理企业获取各类中长期借贷等。

根据是否存在担保，可将其划分为基于信用的借款与依赖于抵押物的借款。前者无须公司提交任何形式的抵押物品，仅凭借公司的信誉或者担保人的声誉即可获得贷款；后者需要公司使用某种类型的抵押物来确保贷款的安全性。对于长期贷款来说，常见的抵押物包括房产、建筑设施、机械设备、股份及债权等。

2. 银行借款的条件

根据国际惯例，银行贷款通常会附带一系列信用标准，一般涉及信用额度、周转贷款额度及补偿性余额等。

信用额度是公司和金融机构达成的书面或者口头协定中确定的最大债务金额。一般来说，只要不超过这个数值，公司可以在任何时候根据自己的需求向金融机构请求贷款。比如，一家公司的信用额度被设定为1亿元，他们已经使用了6000万元并且还没有归还，仍然可以再贷4000万元，而金融机构会负责担保这笔款项。然而，如果是通过口头的约定而不是书面的合同来达成，那么金融机构并不会有按照最大负债限制提供贷款的责任。

周转贷款额度是一个常被大企业采用的官方贷款额度。与普通信贷额度不同，银行对这个周转性信贷额度有法律责任，因此会向中小企业收取相应的承诺费，一般按照中小企业使用的信贷额度的特定比例（0.2%）来计算收取。

对于银行而言，他们会期望借贷公司按照其贷款额度或者实际借款金额的10%～20%来保存相应的存款余额。这是一种常见的做法，旨在减少银行业务的风险并提升贷款收益率，从而抵销可能产生的亏损。比如，一家公司向银行申请了1000万元的贷款，而银行需要该公司保有总贷款额度的20%作为补偿性余额。这样一来，这家公司的可动用贷款数目就变成：1000万元×（1-20%）=800万元。假设名义利率为10%，那么它的实际利率是：

$$\frac{1000 \times 10\%}{1000 \times (1-20\%)} \times 100\% = 12.5\%$$

只有在企业获得了信用贷款后，才能满足上述的信用条件。

3. 企业对贷款银行的选择

除了考虑贷款类型和成本等因素，借款公司需要对借款银行进行深入的分析和研究，以便做出决策。在选择借款银行时，借款公司通常会参考以下几个方面。

（1）商业银行对信贷经营风险的管理

一般来说，商业银行会针对其信贷经营风险设定政策性规则。一些商业银行更偏向保守政策，只希望承受较小的贷款风险；另一些商业银行具备开拓精神，勇于面对较大的经营风险。这与商业银行的实力和环境紧密相关。

（2）当前存在的银企关系是基于过往的信贷交易建立的

一家企业有可能同多个金融机构有商业联系，而且这些关联程度也并非一致。一旦该企业遇到经济困境，部分银行或许会积极提供援助，为该企业注入资金以助其渡过危机。然而也有一些银行采取截然不同的策略，对该企业施压更大，逼迫他们归还欠款或者支付更高的费用。

（3）银行向贷款企业提供的咨询和服务

部分银行会积极协助贷款公司探讨其可能存在的财务问题，并给出解决方案和策略，为企业提供咨询和服务，与企业进行相关信息交流。

4. 长期贷款的程序

通常来说，企业向银行申请长期贷款的基本流程如下。①贷款企业提出申请。②贷款银行进行审批。③签订贷款合同。④企业取得贷款。⑤企业偿还贷款。

5. 贷款合同的内容

贷款协议是对借款和贷款双方的权利与责任进行明确约定的合同。一旦贷款银行对借款公司的申请进行审查并批准，那么在平等协商的基础上，双方就会签订贷款协议。

（1）贷款合同的基本条款

依照我国的相关法律条款，贷款合同通常需要包含以下基本条款。①贷款类型。②贷款用途。③贷款金额。④贷款期限。⑤贷款利率，

⑥归还资金来源及其方法。⑦保证条款。⑧违约责任等。

（2）贷款合同的限制条款

鉴于长期贷款的偿还周期较长且风险相对较高，除贷款合同的基本条款外，根据国际通行做法，贷款银行通常会与贷款企业达成一些限制性条款。这些限制性条款主要包括以下三种。

1）一般性的限制条款。主要涵盖：企业必须拥有足够数量的现金和其他流动资产，以维持其资本的合理流通和支付能力；对企业发放现金股息进行限制；对企业的资本支出规模进行限制，并对企业借入其他长期资金进行限制等。

2）常规限制条款。大部分贷款协议都包含这样的条款，通常是贷款企业需要按时向贷款银行提交财务报告，不能出售过多资产，欠款必须在期满前归还，禁止转让应收账款等。

3）特殊条款。比如，企业的主要领导人必须购买健康保险，借款用途不能更改等。这种限制条款只在特殊情况下才会生效。

6. 长期贷款的成本

尽管长期贷款一般会比短贷利息高一些，如果企业信用良好或者担保物流通能力较佳，依然有可能获得更优惠的长期贷款价格。关于这种类型的债务成本存在两类：一种是固定利率，另一种是浮动利率。浮动利率通常有最高、最低的限制，并且这些都在合约条款中被详细说明清楚。对需要融资的企业来说，当他们预期未来市场的利率会上升时就应该选择签署固定利率协议；在相反的情况下，应当签订浮动利率合同。

除了利息，银行会向贷款企业收取其他费用，如执行周转贷款协议所需的承诺金，以及要求贷款企业在本银行中维持补偿余额所产生的间接成本。这些费用将提升长期贷款的成本。

7. 长期贷款的偿还方式

因为企业贷款的数额巨大且时限较长，所以应提前制订归还贷款的计划。常见的偿还方法如下。①到期一次还本付息。②分期付息，到期还本。③定期偿还本金和利息等。

无论选择何种还款方式，企业都需要测算出一年应偿付的利率和还款的本金。在税收许可的区域内，利率能够抵销个人所得税，本金则通过税后盈余进行清偿，这些工作都可以通过制订还款计划表完成。

8.长期贷款融资的优缺点

（1）长期贷款融资的优点

1）融资速度快。只需借贷双方达成共识并签约，就能让贷款者立即获得所需的资金，无须经过证券管理机构的审查和批准。这种流程简捷高效，可以迅速筹集到所需资金。

2）贷款的灵活度较高。企业和银行可以方便地沟通交流，通过面对面讨论达成关于还款期限、金额大小、利率水平及偿付方式等相关条款的具体内容。在此借贷过程中，若企业的状况有所变动，也能够同银行重新磋商并调整协议书的内容。当债务即将清算时，如果有正当理由，还可以申请延长还款时间。

3）融资费用相对较低。企业向金融机构借钱不必支付高昂的发行成本，而且长期借款的利率能够在所得税前扣除，具备抵税的功能。

4）运用财务杠杆的优势，长期贷款的收益相较于一般股是稳定的。因此，它与债券融资和优先股融资一样，都具备财务杠杆效应。当企业获得丰厚的盈余时，普通股的投资者将从中受益更多。

（2）长期贷款筹资的缺点

1）企业贷款必须定期归还，这是一个相当大的风险。在经营状况不佳时，企业可能会面临无法偿还债务的风险，甚至可能导致公司倒闭。

2）中小企业与其他金融机构签订的贷款协议通常包含许多限制性条款，如明确了贷款的用途等，这些规定可能会对企业的运营产生影响。

3）融资规模有限。通过长期贷款来筹集资金，无法像发行股票那样在大范围内获得大量的资金。

（二）企业债券

1. 债券的概念及其分类

债券是由发行方按照法律规定进行发行，并保证在一定的时间内归还本金和利息的有价证券。这里所说的企业债券，就是那些期限超过一年的公司债券，其发行目的一般是募集大型项目的长期资金。

按照发行主体不同，债券可分为政府债券、金融债券和企业债券三类。

1）政府债券是政府为了获取融资所发行的债券，主要包括国债、地方政府债券等，它对确保公共基础建设有关键性的影响力。

2）金融债券，就是银行业务部门如商行或其他相关单位发布并用于募款的社会公开型贷款证券。

3）企业债券则是企业的借据形式，即通过合法途径发行并且承诺于特定时间偿还款项及利息的企业类别的债券，这种方式是为了满足项目建造及其运营资本需求。

2. 企业债券的种类

1）按照是否记名分类，公司债券可以划分为记名债券和无记名债券。①记名债券是指在债券上标注了持有者的姓氏或名字，并且已经在发行机构或代理商处进行登记。在转让时，原始持有人需要签署书面承诺，并完成相关的过户程序。②无记名债券是指不需要在债券上标注持有者的姓名或名称，也无须在发行代理机构进行登记。这类债券可以自由转让，不必经过过户程序。

2）按照是否提供抵押担保，企业债券可以被划分为抵押债券和信用债券两类。①抵押债券，也称为质押证券，是企业发放的以一定财产作为质押物的证券。根据抵押资产的类型，它可以进一步地划分为不动产抵押债券、动产抵押债券和信托抵押债券。信托抵押债券是由企业用其拥有的实物有价证券作为抵押物所发放的有价证券。抵押债券可以根据抵押物的先后担保顺序进行分类，包括第一抵押债券和第二抵押债券。在公司的结算清算过程中，只有在第一抵押债券全部偿

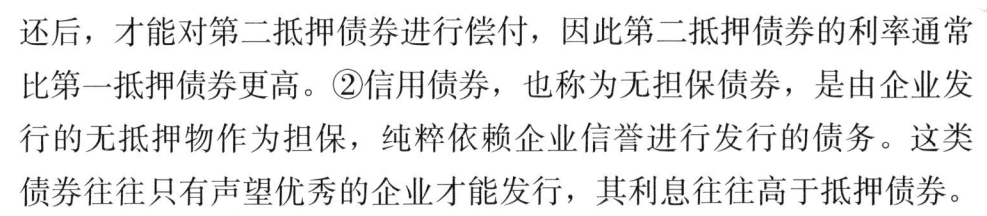

还后，才能对第二抵押债券进行偿付，因此第二抵押债券的利率通常比第一抵押债券更高。②信用债券，也称为无担保债券，是由企业发行的无抵押物作为担保，纯粹依赖企业信誉进行发行的债务。这类债券往往只有声望优秀的企业才能发行，其利息往往高于抵押债券。

3）企业债券根据偿还方式的差异，可以分为贴现债券、零息债券和附息债券。①贴现债券，是在发行时不附加利率票据，以低于债务本金的价值进行发行，期满时根据面值给付本金和利率。这种贴现债券的流通成本与其本金的差价构成了债券的利率。②零息债券，即在期满时每次清偿收益率和本金，也称为期满付息债券。其中，利率是一次性支付的，而本金需要在期满时进行归还。③附息债券，是指在其票面上印有息票的债券。这种债券根据票面显示的收益和方式支付股息。收益率标签通常包含收益率数额、支付期限，以及债务编号等信息。持有者可以从该债务中剪下息票，然后按照此标准获得利息。

4）企业国债可以根据其利息的差异分为固定利率债券和浮动利率债券。①固定利率债券是指在发行过程中，其利率始终保持稳定。②所谓浮动利率债券，指的是一种在发行阶段就设定为会跟随市场利率变化而变化的债券类型，它的利率一般是参考市场的基本利率再加上一定程度的利差决定的。这类债券常常以中长期的债务形态出现。因为它们的利率能够随着市场的基本利率变动，所以采用这种类型的债券结构能有针对性地降低利率风险。

5）公司债券按照偿还年限的不同可分为短期债券和长期债券。①短期债券，是指偿还周期在一年以内的债券。②长期债券，是指还款周期超过一年的债券。根据需求，长期债券还可以进一步分为中期债券和长期债券。

6）按照公司债券是否参与企业的盈利分配，可以将其划分为参与型和非参与型。①参与证券，是指持有者不仅可以获得预设的利息收益，还能在特定层面上参与发行企业的盈余分配，这些参与方式和数量需要预先明确规定。然而，在实际操作中这类债券并不常见。②非参与债券,意味着持股人无权参与公司盈余分配。在实际操作中,大部分企业发行的是此种债券。

7)根据持有者的特定收益,公司债券可分为收益债券、可转换债券及附认股权债券。①收益债券,即只能在发行企业拥有税后盈余可供分享的情况下才会提供利率。此类型的债券对于发行公司来说,无须承担固定的利率压力,对投资者而言,虽然风险较高,但其回报也相当丰厚。②可转换债券是依照特定企业的债券筹款计划,允许持有者把其转化为该公司的股份的一种债务证券。对于发行此类债券的企业来说,需要设定明确的转股规则,并且按照这些规则替换持有者的股份。作为一种权利,持有者可以选择是否要将他们的债券兑换成股权。这样的债券不仅能给投资者带来更具弹性的投资选项,同时能方便发行方对自身的资产负债表和财务状况做出优化调整,或者减轻负担。③所谓的附认股权债券(ARDS),是包含了让投资者以特定的价位购买公司股份的选择权利的一类长线投资工具。这个选项往往会随着这些公司的发行债券的同时出现并拥有和可以转化的债券相似的特点。这类金融产品的利息率也如同那些转化型的债券一样低廉且常常比普通的商业贷款要更少一些。

8)根据能否上市,债券可以分为上市债券和非上市债券。①上市债券,即经过相关机构的批准后可在证券交易所公开发行和流通的债券。②非上市债券,就是那些无法在股票交易所公开发行和流通的债券。

无论是对于发行企业还是投资人来说,债券上市都有好处:由于满足了特定的标准,上市债券具有较高的信用度,能够以优惠的价格出售;上市债券有助于提升上市发行企业的认知度;上市债券交易迅速且具有高度的流通性,这使它更能吸引投资者;上市债券交易十分便捷,其交易价格也相对合理,这有助于公正筹集资金和进行投资。

若债券发行公司希望将其债券上市,则必须满足一定的条件并提交申请,同时遵守特定的流程。

3. 发行企业债券的资格与条件

（1）发行债券的资格

按照中国法律规定，股份制公司、国营独资公司及由两家以上国企或者其他两种以上国营投资者共同成立的有限公司有权发行其公司的债券。

（2）发行债券的条件

按照国际规则，公司发行债券需满足特定条件。通常包含最大发行额度、自有资本的最低限制、公司的盈利能力，以及债券的利率水平等元素。

依据中国的法律规定如《中华人民共和国企业法》《中华人民共和国证券法》《公司债券发行试点办法》的条款，任何一家企事业单位要发行其公司债券，必须满足以下前提。

①对于股份制企业而言，其注册资本必须达到 3000 万元，有限责任公司净资产不低于 6000 万元；②发行的债券规模应不超过该公司净资产的 40%；③近三年内的年度分红收益应当足够覆盖一年内所发行的新股息费用支出；④募集所得款项的使用方向须与国家的经济发展战略保持一致，新发行的股票价格不能高于政府设定的上限值；⑤确保该上市的企业拥有完善且有效的管理体系和财务报告系统以保证信息披露真实准确无误，并能及时发现潜在风险及问题；⑥经资信评级机构评级，债券信用级别良好；⑦国务院规定的其他条件。

另外，通过发行公司债券募集的资本，应当按照审核机关核准的用途使用，不能补偿亏损或非生产性支出。如果要发行可转换债券，也必须满足股票的发行规定。

如果债券发行公司有以下任一情形，就不能再次发行其债券。

①前一轮公司的债券融资未达到预定目标；②已经发行的公司债券或是其他的负债出现违约或者是拖延偿还利息的情况，并且仍在持续中；③有违规操作导致用于公开发行公司债券筹集到的资金被更改使用目的；④过去三年内的财务会计报告中有虚构的信息，抑或是公

司发生了严重的违法事件；⑤此次提交的关于发行的新资料包含了虚假的内容，具有欺骗性的描述或是重要的缺失信息；⑥其他可能造成极度伤害投资者的权益和公众利益的情况。

4. 公司债券的发行程序

公司进行债券发行时必须遵守相关规定，并且完成相应的程序。

（1）做出发行债券决议

在企业真正开始发行公司债券之前，必须由理事会或主要股东会议做出关于公司债券发行的决议，包括确定企业债务的数额、票面金额、发行定价、募集方式、债券利率，以及偿付时间和方式等。

在中国，股份有限公司和有限责任公司发行的债券需要由董事会制订计划并通过股东大会进行决议，而对于国有独资企业来说，其债券发行应该由国家授权投资机构或者相关部门进行决议。在海外，公司的债券发行通常需要经过董事会的决定，并且需要有超过三分之一的董事参与，而且这些董事中至少有半数的人通过。

（2）提交债券发行申请

根据国际惯例，企业发行债券需要向主管部门提出申报。如果没有获得审批，则不能进行债券的发行。而企业的债券发行申请书由国务院证券监督机构审核通过。同时，企业需要提供公司注册证书、公司章程、筹集证券的方式、资产评估报告或者验资报告等相关资料。

（3）公告债券募集办法

一旦公司的债券发行请求获得许可并被公之于众，则其必须公布其筹款办法以吸引大众投资人。依据《中华人民共和国公司法》的规定，该募集方案应包含以下关键信息：发行主体的名称、所筹集资金的目的、债券总体规模及其单张价值、利率的计算方法、偿还债务的时间表与流程、抵押物状况、债券的价格设定、开始及结束销售的具体时间、公司的净值、已经上市但未到期或即将到期的全部公司债券数量、负责此项工作的中介机构等。如果企业发行了可转换的债券，那么还需要在债券募集过程中明确具体的转换方式。

（4）委托证券机构发售

通常，公司的债务融资可以通过私人出售或者公开市场实现：前者是企业将其产品直接卖给投资者的方式，而后者是企业通过代理商向大众推销其产品的途径。在这种情况下，企业需要同代理商签署一份代理合同，这个代理团队可以包括多个金融机构或是投资银行，可以选择代理模式或全权负责模式（参见关于股权发行及销售的内容）。

世界各国普遍采用的债券发行方式是公开募集。美国甚至强制规定，某些债券（如电力和制造业企业债券）必须采取公开募集的方式。在中国，相关法律和法规也清晰地规定了使用公开募集的债券。

（5）将债券交割，收缴债券款，登记债券存根簿

在开放上市的企业可转债中，由承销机构进行发售时，投资人会直接支付给承销机构买入。承销机构代表他们接收并交付这些债券；最终，发行公司将向证券承销机构收缴债券款并结算预付的债券款。

依照《中华人民共和国公司法》的规定，发行公司债券时需要在其上面注明企业名称、债券价值、利率和还款日期等相关信息，还需要由董事长签署姓名并在公司印章下加以确认。

企业发行的债券需要被记录于其设立的债券存根簿上。针对记名债券，需包含以下信息：投资者的名字和地址，投资者获得该债券的时间及其对应的序号，债券的总体规模、票面价值、利率、还款期限和方式，债券的发行时间。至于不记名债券，则要在债券存根簿中注明债务总量、利率、清偿周期和方式、发行日期及债券的序列号等信息。

5. 企业债券的发行价格

债券的发行定价是指在发行时所采取的市场价，也就是投资人购买债券时需要付出的金额。在公司发行债券之前，必须根据相关条件和方法来确定债券的发行价格。

（1）债券发行价格的影响因素

诸多因素对债券发行价格有以下重要影响。

1）债券的实际价值，也就是面值。债券的价格高低，基本取决于面值的大小，这是企业未来需要支付的资金总额。

2）债券的利率。它是衡量债券利息的准则，利率越高，企业需要支付的利息成本也越高。

3）市场利率。它是评估债券收益率的参考标准，与债券价值成反比。

4）债券的期限。债券的发行时间越长，风险就会相应增加，价格也会相应降低。

（2）债券发行价格的确定方法

一般来说，企业债券的发行价格可以分为三种类型：平价、溢价和折价。

平价的定义是基于证券的票面数额来确定发行价格，溢价则是指超过债券票面数额的发行价格，而折价是以小于债券票面数额的价格作为发行价格。

债券发行价格的计算公式为：

$$企业债券发行价格 = 债券利息的现值 + 债券本金的现值$$

$$企业债券发行价格 = \sum_{t=1}^{n}\left[债券利息\times(1+市场利率)^{-t} + 债券面值\times(1+市场利率)^{-t}\right]$$

式中：n 为债券期限，年；t 为支付利息的时间。（注：市场利率为年利率，利息分期支付）

6. 债券的信用评级

依照《中华人民共和国证券法》与《上市公司证券发行管理办法》的规定，任何一家公司发行债券都必须聘任具备资质且拥有相关经验的专业评估单位，对该企业的财务状况、经营业绩及偿还能力等方面因素做出全面而公正的评价，并给出相应的评分结果以供投资者参考使用。还要定期对其重新审查并对其实施持续性的监督管理工作，以便及时发现问题并在第一时间采取有效措施加以解决，防止出现不良后果。

（1）债券评级的意义

一般来说，企业公开发行债券往往是由专门的债券评信机构评定其债券级别。而对发行的公司及投资者来说，这个信用评级具有重要的价值：一方面，针对发行方，信用等级高的债券可以更低的利率发行并减少利息负担，从而节约资金开支，反之则相反；另一方面，信用评级则是面向投资者的决策依据，信用等级高的债券更容易获得投资者认可并且吸引更多的购买力，反之则相反。

（2）债券的信用等级

债券的信用等级反映了其质量的高低，同时揭示了债券偿还本金和利息能力的强弱及投资风险的大小。根据国际惯例，企业债券的等级通常被划分为三等9级。

（3）债券的评级程序

企业债券评级的基本步骤如下。

①发行商提交评级申请。②评级机构对债券等级进行确认。③评级机构进行持续的审查。

（4）债券的评级方法

当债券评级机构进行债券等级的评定时，他们需要进行分析和判断。通常采用定性和定量分析相结合的方式，主要针对以下三个方面进行分析和判断。

1）企业的发展潜力。这包括评估和判断企业所在行业的状况，如是处于繁荣期还是衰退期，以及分析和评价企业的发展前景、竞争优势、资源供应的稳定性等。

2）企业财务状况的评估。这包括对企业债务、偿债能力、营利性、周转性和财务弹性进行分析，同时要考虑其持续稳定性和发展变化的趋势。

3）企业债务的约定条件。这涵盖了分析评价企业发行债券是否存在担保及其他限制因素，债券期限及偿还本金和利息方式等。另外，在海外地区或全球资本市场发行债券时，也需要开展全球风险评估，主要内容包括对政策、社会和经济的风险做出分析，并做出定性判断。

在中国，部分省份的信用评级机构把企业的债券按照产业划分为制造业与服务业的企业债券，并根据融资目的将其进一步细分为技术改造类别的债券及新建设类的债券。在评价企业债券的信誉时，通常重点关注企业的背景信息、员工素质、财务表现、项目建设情况、未来发展趋势及还款能力等因素。

在这些因素中，企业概况仅作为参考，并不包括在总分之内。剩下的五个部分是：

1）企业素质主要是通过考察公司的领导团队素养、运营管理状况和竞争力，占总分的10%。

2）通常，财务质量包括资金实力、信用状况、周转性能和经济效益等方面，对此，会使用一些特定的指标来评估并计分。这部分占总分的35%，对结果产生的影响最大。

3）主要对项目的必要性和可行性进行评估，通常这部分占到总分的15%。

4）项目的未来发展，涵盖了项目在行业中的位置、影响力和市场竞争力，以及主要经济指标的增长潜力预测等方面，其评分最高可占总分的10%。

5）债务偿还能力的主要研究对象是期满时需支付的资金，这涉及评估所有已发放期满证券中偿债资金占比，以及偿债资金在总分中的比重。通常情况下，这个部分会占据总分的30%。

在评价过程中，财务质量主要依赖于量化分析，其他四大因素还没有明确的量化评价指标。仍然以定性分析为主导，操作过程大部分取决于评估人员的经验和能力，具有较高的灵活性。

7. 长期债券融资的优缺点

（1）长期债券融资的优点

1）募集资金的数量相当大。债券作为一种直接融资方式，其上市对象分布范围广，金融市场容积也比较大。同时，由于不受融资中介本身负债范围和管理的限制，能够募集到更多的资金。

2）债券具有持久性和稳定性。其期限可能较长，而且投资者通常无法在到期前向公司索要本金，因此债券筹款方式是持久的和稳定的。

3）具有财务杠杆的作用。长期债券通常具有固定利率，无论发行公司盈亏如何，只需要向持有人支付一定的利息，并且这些利息可以在税前抵扣。因此，当企业获得了丰厚的收益时，普通股东将享受更多的好处。

（2）长期债券融资的缺点

1）公司发行债券的过程相当繁杂，必须雇用保荐人、会计师、法律顾问、资产评价管理机构或者资信评估机构等中间商，这使发行成本费用显著增加。

2）在发行债券的过程中，要求公开透明地展示集资证明书，以及相关的审计、资产评估等多个文件。而且，在债券上市后，还必须提供定期和临时的报告，这致使信息披露的成本大幅度增加。这也对保守公司的运营、财务管理等信息系统和一些业务秘密产生了负面影响。

3）限制条件众多。在发行债券的协议中，一般比优先股和短期债务更加严厉，这或许会对公司的正常运营及未来筹资能力产生影响。

（三）融资租赁

1.租赁的含义及种类

租赁是出租方在承租方给予一定量的回报的条件下，将财物所有权交给他们并在合同规定时间内行使。这种契约行为确定了各方的权益和责任，而具体的条款需要通过协商和谈判确认，因此租赁形式多样。

（1）按租赁合约的当事人划分

根据租赁合同的签订者，租赁可划分为直接出租、杠杆出租和售后租回三个类别。

1）直接租赁，是出租方直接向承租者供应租赁资产的一种形式。

这种方式只关系到出借人和承租人两种身份。

2）杠杆租赁，当出租方在购买租赁财产时只需要交付所需金额的一部分（往往为财产市场价值的20%～40%），其余的资金则会以这个财产作为抵押物，向借贷者借款。

3）售后回租，即租用方将某项物品卖给承包人之后再把它归还的租赁方式。在这样的模式下，承租者既能通过销售资产获取现金，也可以通过租赁满足对该物品的需求，而且租金分期付款。

（2）按租赁期划分

根据租赁年限的分类，租赁可被划分为短期和长期两种形式。

短期租赁，是租赁周期明显比租赁物品的经济寿命要短。长期出租，是租赁期接近出租资产的经济寿命期限。

（3）按租金是否超过租赁资产成本划分

根据租金是否超出了租赁资产的成本，租赁可以被划分为不完全补偿型和完全补偿型。

租金不足以全额补偿租赁资产的情况被称为不完全补偿租赁。全额补偿租赁是指租金超过了所有租赁资产的成本。

（4）按租赁是否可以撤销划分

根据是否可以进行撤销划分，租赁有两种，即可撤销的租赁和不可撤销的租赁。

可撤销租赁是在合同中明确规定承租人有权随时终止合约；不可撤销租赁则在协议中明确指出，在租赁期限未到之前，任何一方都不能单方面撤销租赁。

（5）根据出租人是否承担租赁资产的修理责任划分

根据租赁者是否对租赁资产进行维修，可以将其划分为毛租赁和净租赁：毛租赁，即由出租方负责对资产进行维修的租赁；净租赁，是由承租方负责对租赁资产进行维修的租赁。

按照一切与租赁资产所有者直接相关的经营风险和利益能否转化分类，将租赁划归为经营租赁和融资租赁。

非融资性的租赁被称为经营租赁，包括除融资租赁之外的所有其他形式的租赁。典型的就是一种短暂的、部分赔偿的和可以被取消的毛租赁，对出租方而言，这是一种通过转让资源使用的权利来获得收益的行为，是商业行为的一部分。而从承租方的角度来看，这也是一种为了临时拥有某项资源而支付费用的活动，同样是商业行为的一个组成部分。

租赁公司根据承租单方的需求，通过融资方式购置其必需的主要设备，并在一定期限内提供给他们使用。对于承租人而言，这是他们企业的唯一融资行为。

2. 租赁的程序

①选择租赁公司。②办理租赁委托。③签订购货协议。④签订租赁合同。⑤办理验货与投保。⑥支付租赁费用。⑦租赁期满处理租赁资产。

3. 融资租赁的概念

融资租赁是由投资者购买所需物品后转交给承租者使用的租赁。这种服务是融资与融物相结合、带有商品销售性质的借贷活动，是一种新型的企业获取资金的方式。它的特点：往往被承租方主动发起请求到投资机构以获得财务支持，获得他们需要的机器等设施的使用权利，这部分内容涉及他们的选定资格及其相应的责任问题；该项服务的有效期限相对来说比较久远，且常常超过这些机械装置本身寿命一半的时间长度；关于维护管理的问题上也主要是交给承租方自己处理，但不可以随意地对其做出任何更改或者破坏行为，这一系列的要求都是必须严格遵守执行不可违背的；在整个协议期间，任何一方都不能终止合同；当合作结束时会按照之前约定好的规则处置设备，一般来说会把它们全部转移至承租方的名下，成为其财产的一部分。

随着银行业务和商贸活动的融合，融资租赁这种金融工具应运而生，这是一种把实物信用和银行信用相结合的金融服务形式。由于它的存在，公司可以快速获取他们需要的设备投资并提升资金的使用效益，同时能减少潜在的风险，从而对公司的运营管理产生积极的影响。

4.融资租赁的确认条件

1）当租赁期限结束时，租赁物品的所有权将交由承租方。

2）承租方具有自由选择购置资产的权利，认为其所设定的购置价值将远小于出租资产公允价值时的水平。因此，在租赁开始日期就能够合理地判断出承租方是否会行使这种选择权。

3）租借期限覆盖了设备剩余可用期的绝大一部分，此处的"绝大"指的是租借期限超过了设备自租借日开始起算时的总生命周期的75%（含）或更多。

4）针对承租人来说，租金起始日的最低支付金额几乎等同于原有出租资产的账面价值，而针对出租者来说，租金起始日的最低收款金额也大致相当。

5）租赁资产性质特殊，在没有经过重大修缮的情况下，只能被承租方使用。

5.融资租赁的形式

1）直接租赁。所有的购买租赁物资的费用都是由出租方负担的。

2）售后租回租赁。承租方首先将拥有的设备根据机械设备的账面价值或市场价值出卖给租赁公司，而后从租赁公司中原封不动地租回。通过这种售后回收的方式，承租者能够把长期资产转化为流动性资产。

3）杠杆租赁。出租方只需要支付购买出租资产必需的部分费用，其余的部分通过以出租资产作为质押，向商业银行、保险公司或投资机构等金融组织借款来支付，从而将租赁资产出租给承租者。

6.租金的确定

租金的决定因素众多，包括设备购买费用、利率、交易费、期限，以及支付方法。一般计算租金的方法有平均分摊法和等额年金法。

采用平均分摊法，首先根据规定的利率和支付手续费率来计量租用期内的收益与支出，而后将其与设备成本费用一并按数量进行均等分配。所有应付费用的计算公式为：

$$R=[C-S+I+F]/n$$

式中：R 为每次支付租金；S 为租赁设备的残值；F 为租赁手续费；C 为租赁设备购置成本；I 为租赁期间利息；n 为支付租金期数。

7.融资租赁决策

当考虑是否要租赁某一财产时，承租人往往需要面对两类问题：一是对这项财产是否有足够的价值去投入资金的问题，二是选择租赁还是购买的问题。在进行租赁评估时，一般会先假定前者已得到解答，也就是如果对这个项目进行了投资将会带来积极的现金流入，那么，当前只需要关注应该怎样获得这些资源——这可能包括租赁或者自费获取的方式。

对于融资租赁的研究，主要涉及对借贷和租赁两种方式的评估对比。若选择以租赁的方式获取所需资产，那么出租方会为该项投资提供必要的资本支持，但作为回报，承租者需承担一连串的租金支出，并且享有使用这些资产的权利。若决定自费采购相关设备，则企业必须寻找足够的资金完成这项任务，且最终拥有所有权。在这个过程中，我们往往假定用于购买资产的钱款来自贷款，不论实际是否如此。这种设定的主要原因在于：无论是租赁还是借款，其风险特征都非常类似，因此具备了可比性。典型的情况是，租金是以年度的形式分期支付，呈现线性的增长趋势，这与还款负债利息的现金流动有很大的相似之处。我们可以从这个角度开始研究融资租赁问题，包括计算租赁后的净现金流，以及当前价值和借款购买时的现金流和当前价值，最后再做出相应的决策。

8.融资租赁的优缺点

（1）融资租赁优点

1）因为无须一次性支出大量款项来获取所需的资产或者设备，所以融资租赁能够协助公司缓解财务困境并满足扩张生产的需要。当公司仅用较少的预付款就能获得他们想要的生产工具或资产时,利用这些工具产出产品销售收入以抵销必须归还的贷款费用。如此一来,便降低了采购资产时的现金流量压力。

2) 降低了固定资产折旧风险的可能性。在这个科技创新飞速发展和生产力持续提升的时代,不可避免地会产生固定资产无形损耗,这对企业的成长具有深远的影响。所有持有机器设备的企业都需要承受其无形损耗负担,然而通过租赁方式能够有效减轻这一负担,从而使公司能更高效地运用各种资源。

3) 获取融资本金相对简单易行。向银行业或其他金融机构寻求借款时往往会面临诸多严格的规定和要求,这致使申请者难以满足其所需的条件,而且获得贷款的可能性极低。与此相反,租赁协议中的各种规定却较为灵活且宽容。此外,大部分此类交易由专门从事此项工作的企业执行完成,这些企业的专业特长及其丰富的实践经验能够使他们更有效地寻觅到对出租方更有益的目标顾客群体。

4) 达成"融资"和"融物"的整合,使借款过程更短,公司可以立即进入生产阶段。

5) 租金费用可在所得税前被抵扣,这使承租企业得以从中获取税收优惠。

(2) 融资租赁缺点

1) 融资租赁的投入成本相对较高。通常情况下,租金收益高于债券利息。当公司运营不佳时,租金支出将是一项沉重的财务压力。而且,由于租期较长,通常无法更改,这限制了企业资金的使用。

2) 如果不能获得设备的剩余价值,那么通过租赁筹集资金也可以被看作承租公司遭受的一种机会损失。

四、混合性筹资

混合性筹资的方法主要是发行优先股和可转换债券以获取资金,同时会推进认股权证的发行。

（一）发行优先股融资

1. 优先股的概念

优先股，就是与一般股形成对比的一个权益类型，拥有这种股权的人在盈余分配和企业剩余财富分享上会超过其他一般股东。然而，这种优先性是受到限制的，通常情况下，优先股所有者的表决权将被限制或者剥夺。

2. 优先股的特点

相较于普通股，优先股有一些共性，如无到期日。企业发行优先股所募集的资金也是权益资本。然而优先股具备公司债券的一些特点，因此它被认为是一个混合型有价证券。

与普通股相比，优先股主要具有以下特点。

（1）优先派发固定的股利

通常优先股东会优于普通股股东派发股利，而且这些股利是一成不变的，对公司的运营和盈利状况的影响相对较小。因此，优先股与固定利率债券类似。

（2）优先考虑分配企业的留存负债

在中小企业因为解体或倒闭而实行清理时，优先股持有者会比一般股持有者更早地分享中小企业的剩余财产。

（3）优先股持有者并不具有选择权

通常而言，优先股持有者并不具有选择权。在企业的股东大会上，他们通常也不具备参与企业运营和管理的权利，只有当涉及优先股的权益问题时才能表达自己的观点。因此，优先股持有者很少对整个企业产生影响。

（4）企业有权赎回其优先股

按照公司章程的相关条款，可以采用特定方法重新购买已发行的优先股，从而改善企业的资本构成。

3.优先股的种类

（1）累积优先股和非累积优先股

累计优先股是当某一经营年度结束时，若公司的收益无法满足支付预定的红利的条件，那么未来优先股权持有人可以请求全额补充之前的红利。尽管非累计优先股赋予了其持有者在公司赚取足够收入来支付规定红利之前享有先于其他股份获取红利的权益，然而一旦该公司未能达到标准，他们就无权向公司追索未来的年度里可能产生的额外红利。通常情况下，对投资者而言，累积优先股比非累积优先股更优越。

（2）参与优先股与非参与优先股

对于那些公司盈利增加的情况，不仅可以享受到预先设定的利率，而且能与普通股票一起分享收益分红，这种类型的股票被称为参与优先股。而如果公司的盈利没有增长或者减少，那么他们的投资回报只能是固定的股息，这类股票被称作非参与优先股。通常情况下，相较于后者，前者的优势更明显。

（3）可转换优先股与不可转换优先股

可转换优先股是指在特定情况下，允许优先股持有者将其转化为特定数量的普通股。如果不能这样做，就是不可转换优先股。近年来，可转换优先股已经成为越来越受欢迎的一种优先股类型。

（4）可收回优先股与不可收回优先股

优先股可收回的定义是，那些准许发行这类股票的企业能够根据原售价并增加一部分赔偿金来赎回已经持有的优先股。如果该企业觉得可以用较低的股息替代已经存在的优先股，就会常常实施这种权益；反之，则被认为是不可回收优先股。

4.优先股融资的优缺点

（1）优先股融资的优点

1）不会削弱普通股股东的掌控力。由于优先股股东并未参加企业的运营管理，也无投票权，发放优先股不会削弱普通股股东对企业的影响力。

2）优先股的使用可以提升公司的经济状况。由于优先股无须支付本金，通过优先股筹集资金，可以降低公司偿债的风险和压力，保持公司的良好运营。

3）优先股的上市可以产生财务杠杆效应。由于优先股的盈利是稳定的，当企业通过发行优先股获取了优厚的利益时，普通股的投资者将会从中受益更多。

（2）优先股融资的缺点

1）虽然优先股的成本低于普通股，但其利润高于债券，因此无法像债券利息那样在税前扣除。

2）固定的股息可能对公司的发展造成影响。这种固定的优先股股息导致项目主体无法按照需求保留足够的利润进行投资，从而给项目主体带来了利润分配上的压力。

（二）发行可转换债券筹资

1.可转换债券的特性

可转换债券也称为可转债的债券，是由企业发行并规定在特定时期内，根据约定条件，债券持有者可以将其兑换成公司普通股的债券。

对于融资企业来说，通过发行可转换债券可以实现既是借款又是投资的二元化资本募集，这是一种混合型金融工具的融资手段。当发行方给予持有者有权将该种债券转化为其自身股份的选择时，他们会按照约定的时间间隔向投资者支付利息。若是在预设的转换期限内，投资者并未选择行使此项权利，那么发行方必须按时归还全部本金。在此背景下，可转换债券的融资模式类似于常规的企业债券融资，具备的是借贷性质。若在设定好的转换期内，投资者决定行使这项转换权，把债券转变为企业的股票，发行方的债券负债就会成为股东权益，因此也具备了股权融资的特点。

2.可转换债券的发行资格与条件

依据国家的相关法规要求，上市公司及关键性的国营机构具备发行可转换债券的资格，然而需要经过省级地方行政部门或是中央企业的主管单位提名并上报至中国监管委员会审核批准后方可实施此项操作。依据《上市公司证券发行管理办法》，若对已上市公司使用可转换债券的方式筹措资金，必须同时达到以下标准。

1）在最近三个会计核算年份中，加权平均净资产收益率必须达到6%。当剔除非经常性损益后的净利润与之前的净利润进行比较时，以其降低的部分作为计算加权平均净资产收益率的基础。

2）在此次上市后，企业的债券总额不应高于最近一期的净资产额的40%。

3）在最近的三个财务年份中，公司每年可分配利润至少应达到其债券一年的利息。

另外，上市公司可以以股权与债券分开交易的方式公开发行可转换公司债券（分离交易的可转换公司债券）。这种类型一次性地结合了两种不同类型的产品——一种是以其自身名义发行的公司债券，另一种是作为该笔借款附带权利而发行的股权证——这两种产品的组合被称为"合并式"或"打包式的"融资方式。对于那些想要使用此方法来筹集资金的人来说，他们需要遵守以下规定才能获得批准：一是在最近一期期末未，经审计的该公司净资产至少有15亿元；二是需确保过去三年内实现的年可分配利润不得少于债券一年的利息。

4）对于那些满足了"近3年内公司的总营收所带来的现金流入量净额均超过其1年期债券利息"这一条件且达到了"过去3年的年化平均净资产回报率需达到至少6%"（扣除非经营性损益后，净利润和扣除前的净利润相比，取较低值作为加权平均净资产收益率的计算依据）的企业，可以不受此规定的限制。

5）在此次上市后，企业负债的金额不应高于最近一期净资产的40%。预期在所有认股权被完全授予后，筹集到的资金总量不会超出预定的公司债券金额。

3.可转换债券的转换

转换可转换债券需要考虑的因素包括转换期限、价格和比率。

（1）可转换债券的转换期限

转换期限是指根据发行企业的规定，持股人能将其转换成股票的时间。通常来说，可转换债券的到期日与其转换周期有关。在中国，法律明文规定最短的可转换债券为一年期，最长是六年。分离交易的可转换公司债券的到期日也被设定为一年期。

根据相关法规，当公司成功发行可转换债券后，持有者可以在六个月后的任何时间选择把它们转换为股票。对于主要由国家控股的企业所发行的这种类型的债券，一旦该公司完成了向股份有限公司的转变并使其股票上市后，那么持有者可以依照约定的时间和方式实现这些债券的转换。在将可转换债券变为股票后，发行公司股票上市的证券交易机构应安排股票上市进行流通。

（2）可转换债券的转换价格

可转换债券的成交价格，是将其转换为股票时每股的价格，这个交易价格通常由发行公司在发行可转换债券时确定。

按照国家的规定，企业发行可转换债券时，应以其前一个月的股票交易平均值作为基础，并将其提高一些比例来设定转换价。而对于重点国有企业发行可转换债券的情况，需要以预计发行的股票价格作为参考，并按照特定比率调整转换定价。

转换价格并不是一成不变的。当企业发行了可转换债券并确定转换价格后，一旦新股增发、配股或其他原因导致公司股份产生改动，应立即调整转换价格，同时向社会大众进行公告。

（3）可转换债券的转换比率

转换比率是每个可转换债券所能交易的股份数量，这与其面值除以转换价格相等。当可转换债券持有者申请转换时，他们手中的可转换债券面值有时会剩余不足以转换成1股股票的余额，发行方应该用现金进行偿付。

4.可转换债券融资的优缺点

(1)发行可转换债券是一项独特的融资

1)可转换债券的利率一般比普通债券更低,这有助于减少资金支出。在进行转换之前,它们的资本成本要小于普通公司债券;当其变为股票后,就能够节省发行股票的费用,从而降低了股票融资的成本。

2)发行可转换债券对于筹集更多资金是有益的。可转换债券的转让价格一般高于发行时的股票价格,因此在进行可转换债券转换后,其筹集的资金量会高于即刻发行股票的融资额度,同时,它有助于维持公司股票价格的稳定。

3)有助于优化资产配置。作为一种融合了债务与股权两种性质的筹资手段,可转换债券既可以被视为公司的负债,也可以转变为股份。如果公司有意愿让持有者把他们的可转换债券转换为股票,他们可以通过激励措施来推动这个过程,从而实现对资产配置的优化。

4)有助于减少投资损失。如果该公司在一段时间内股票交易价格不断高于交换价格,到达一定程度,发行者可以按照赎回条款中预先设定的价格赎回可转换债券,以便减少融资的风险。

(2)发行可转换债券筹集资金存在的不足

1)将可转换债券转换为股票后,其利率的优势会消失。

2)如果公司确实需要股票融资,但股价并未上涨,可转换债券的持有者不愿意进行转股操作,那么发行方必须支付债券本金,这会对企业产生偿还债务的压力。

3)若可转换债券在转股时的价格高于其转换价格,那么发行将会遭受筹资损失。

4)发行企业可能因回售条款的具体规定而遭受经济损失,这是由于在某一时间段内,如果企业的股票价格连续下跌并达到一定程度,那么可转换债券持有人可以依照预先制定的价位将其回收给企业。

（三）发行认股权证筹资

上市公司通常采用发行认股权证的方式进行资金筹集，其主要目的是协助公司进行股权性融资，同时能直接获取现金。

1.认股权证的特点

认股权证是由公司发行的一种可以买入其已经上市的股票的期权。这个权利让持有者在规定的时间内按照预先设定的价格获取发行公司某些股份。

作为一种独特的资金筹集方法，向投资者出售的认股权凭证是许多企业采用的方式之一。这些投资者的权益包括购买公司的优先股和普通股的选择权利（但此前他们并无任何债权或股权）。这种特殊的方法不仅可以为发行机构带来额外的收入以弥补初始成本，还可以通过提供给销售代理人来获得他们的支持与合作。

2.认股权证的作用

在企业的筹资过程中，认股权证的使用极具灵活性，对发行公司有重要影响。

1）无论是独立发行还是附带发行的认股权证，都是在为企业募集巨额资金，以提升其资本实力和经营管理能力。

2）推动其他方法的应用。独立发行的认股权证对未来的股票销售有益处，附带发行的认股权证能够提升依附的证券发行效率。比如，认股权证与债券发行相结合，可以推动证券的销售。

3.认股权证的种类

在全球的企业融资过程中，认股权证有各式各样的形态，可以被划分为多种类型。

（1）长期与短期认股权证

根据允许认购的时间长短，股票权证可分为长期和短期认股权证。长期认股权证一般会有数年的期限，也有部分是永久性的。而短期认股权证的期限较短，通常只有90天左右。

（2）单独发行与附带发行的认股权证

按照发行方式，认股权证可以分为两种：一是单独发行的认股权证，二是附带发行的认股权证。其中，单独发行的认股权证是不受他人股票影响而自主发售的认股权证，附带发售的认股权证则是依赖国债、优先股、普通股或企业股票进行发售的。

（3）备兑认股权证与配股权证

备兑认股权证的含义是，每一份备兑权证都包括了几家企业的部分股票。配股权证则是确定股东配股权利的凭证，它会根据股东持有的股份比例进行定向派发，使持股者以更优惠的价格购买发行公司指定总量的新股。

五、长期债务融资与权益融资评价

总的来说，债务融资和权益融资各有其优点和缺陷，企业应根据具体需求进行选择。债务融资是一种企业通过举债筹资，而资金提供者成为债权人有权在期满时回收本金和利息的方式。与股票融资相比，它具备以下三个特性。

①债务融资方式募集的流动资金有期限，必须在期满前归还。②中小企业利用债务融资获取资金，需要按时归还本金和利息。③中小企业通过债务融资获取资金，必须偿付债务利息，这就造成了中小企业的固定压力。

股权融资是一种不依赖金融服务中介的方式，通过股份作为工具直接将资本从获利部分转移到短缺部分。这种融资模式使资金供应者成为企业的所有者（股东）并获得对公司的控制权。它具有以下三个主要特征。

①股权融资筹集的资金是长期性的，无到期日，无须归还。②股票投资的特性。公司通过股票投资不要求归还本金，如果投资人希望获得这笔资金，就必须依赖流动市场。③利润负担。股权融资并未设定固定的利润负担，是否支付或支付多少取决于公司

的运营需求。

第三节 资金成本

作为评估筹资与投资效率的关键指标，资金成本对构建工程项目至关重要。决定最佳财务结构的过程必须考虑资金成本的影响。唯有项目建设的回报率高于资金成本，我们才能确认其所融资及使用资金已经实现了预期目标。

一、资金成本

（一）资金成本的概念

资金成本，又称资本成本，是企业为了获取及运用资产支付的费用。从广义角度来看，无论短期或长期，企业需要对所有形式的资产投入相应的代价。然而，从狭义角度来看，只有当涉及长期资产（包含自身拥有和借款的长期资金）时，才被视为资金成本。因此，长周期资金也被定义为资本，其相关费用就成了资金成本。

（二）资金成本的构成内容

资金成本由两个主要部分构成：一是融资过程中的相关费用，如为发行股票或债券产生的印刷、发行、法律服务、信用评级、认证、保证金及宣传等相关支出；二是使用资本需承担的相关费用，如股份分红、贷款利息或者债券利息等。相较而言，后者（资金占有费）往往更频繁地出现在企业的财务报表中，因为它是在日常运营活动中产生并需要持续支付的，但前者（资金筹措费）则可能只会在一次性的融资行动中出现，所以可以将其视为融资总金额的一部分予以扣减。

资金成本既能用绝对值数表达，也能够用相应数来描绘。一般而言，我们会选择相对数的方式表示资金成本，即资金成本率。具体计算公式如下：

$$资金成本率 = 资金占用费 / (筹资总额 - 筹资费) \times 100\%$$
$$= 资金占用费 / 筹资总额 \times (1 - 筹资费率) \times 100\%$$

对于不同的融资策略的评估和选择过程，可以采用多种方法衡量其资金成本。比如，在比较各种筹资方式时，使用个别资金成本，包括普通股成本、留存收益成本、长期借款成本、债券成本；而在进行成本结构决策时，使用加权资金成本；在进行追加筹资决策时，使用边际资金成本。

二、影响资金成本高低的因素

在市场经济背景下，多元化的要素共同影响企业资金成本的高低，主要包括宏观经济状况、证券市场环境、公司内部运营和融资情况，以及项目筹集的规模。

（一）总体经济环境

总体经济环境对全局性的金融资源供应与需求、预测到的通货膨胀程度有影响。这种变动的影响是通过无风险回报率来体现的。毫无疑问，当整体社会的融资需要或供需出现波动，或是通胀指数有所调整时，投资者也会随之修改其对于回报的需求。换言之，若货币需求量增长但未得到相应的补充，那么投资者可能会提升他们的投资收益要求，从而使公司资金成本加重；反之，则可能促使他们调低所需的投资回报率，进而减轻公司财务压力。同样的情况还包括：一旦预计到通货膨胀度升高，货币购买力减弱，会导致投资者寻求更高额度的回报以弥补潜在的投资亏损，进一步提高公司的资金成本。

（二）证券市场环境

证券市场的环境因素会直接影响证券投资的风险度，这些环境要素包含证券交易的流通性和价格波动的幅度。假如某个股票的买卖难度较高，那么对于想要购买或是出售该股票的人来说比较麻烦，这增加了资金回笼的风险,因此他们需要更高的回报率来平衡这种风险。另外一种情况是尽管有需求的存在,但是因股价的大幅变动,投资者的风险增加,他们的期望回报也相应地提高了。

(三)企业内部的运营和融资情况

公司内的运营情况与资金流动状态代表了其业务及金融风险程度的高低。业务风险主要体现在公司的投资策略中,反映为资产回报率的变化,而金融风险源于公司的筹款计划,以普通股票收益率为指标来衡量。当一家公司的业务风险或金融风险较大时,它的股东会对高额回报有更高的期望值。

(四)项目融资规模

另外一个对企业资金成本产生影响的因素——项目融资规模也值得关注。如果企业的借款量较大,那么它的资金成本会相应地提高。比如,当一家企业需要大量资金时,它不仅要支付更高的贷款手续费,还要承担更多的利息支出,同时由于借贷量的扩大可能会导致其股票售价下降,从而进一步提高了该企业的资金成本。

三、资金成本的作用

企业的资金成本主要用于投资、筹资、运营资本管理,以及对企业价值和业绩进行评估。

(一)在投资决策中的作用

使用最广泛的项目评估方法包括净现值法与内含报酬率法,在应用前者时我们需要确定项目的资本成本作为未来收入价值折扣后的利率标准,而在运用后者的过程中,项目资金成本是其"取舍率"或最低报酬率。因此,可以明确的是,项目资金成本是项目投资评价的基础。

(二)在筹资决策评价中的作用

筹资决策的核心议题在于确定最佳资本结构,即选择能够实现股价提升的资本配置方式。然而，估算出资本结构如何影响股票价格相当复杂且难以操作，因此一般会采用以下策略：假定企业的财务状况不会因资本结构的变化而发生重大变动，从而推导出使企业整体价值最大的资本结构应为那些导致加权平均资金成本最低的资本组合。相较于分析资本结构调整对股票价格的具体影响，计算它对平均资金成本的可能效应相对简单。基于此，我们可以利用加权平均资金成本来引导资本分配决策。

（三）在运营资本管理中的作用

由于企业的各种资产具有各自独特的盈利性、风险性和流动性，因此它们的运营现金流投资与长期资产投资所面临的风险各异，相应的资金成本也会有所差异。我们可以将其视为独立的"投资项目"，这些项目的资金成本也是独一无二的。

对于运营资本的管理而言，资金成本可被用作衡量经营资本投资策略与融资策略的标准。比如，当投入流动资产的资金成本上升，需要适当地降低运营资本的投资规模，并且采取较为积极的融资方式。确定库存购买数量及存储量、设计销售信贷制度及判断是否有必要进行分期付款等，都应以资金成本为主要参考依据。

（四）在企业价值评估中的作用

在实际操作过程中，我们常常需要估算一家企业的经济价值，如合并或改组等情况。在制定公司战略时，必须了解各种战略选项对企业价值的具体影响，包括对企业价值的评价。在计算企业价值的过程中，通常依赖现金流贴现方法，并且需要以企业的资金成本为基础来确定其现金流的折现率。

（五）在企业业绩评价中的作用

作为投资者期望获得回报的一部分，资金成本被视为衡量企业绩效的重要标准之一。随着以价值为基础的企业评估方法逐渐流行，其中最关键的数据就是企业的营利增长额（Economic Value Added，EVA）。为了得出这个数据并对其做出评判，必须利用该企业的资金成本确定它的经营效益情况。由于这种收益状况会受到金融市场的直接影响，因此可以通过对这一数值的研究分析更好地理解及判断该企业的发展前景，以及其在运营效率等方面的表现如何。

四、资金成本的计算

（一）债务资金成本

1. 不考虑资金时间价值的债务资金成本

债务资金成本主要包括支付利息和融资费用等。由于将利息视为财务费用，并纳入所得税前的费用，具有抵扣税款的效果，公司实际承担的成本应该是在税后产生的。其计算方法如下：

$$K = \frac{L \times (1-T)}{Q \times (1-F)}$$

式中：K 为债务资金成本率；L 为债务各年利息额；T 为所得税率；Q 为债务总额；F 为债务筹资费率。

2. 考虑资金时间价值的债务资金成本

债务的税前成本费用应该通过到期收益率法来估算，这就是债务成本费用。

$$P_0 = \sum_{t=1}^{n} \frac{I_t + P_t}{(1+K_d)^t}$$

式中：K_d 为到期的收益率，也就是债务的税前费用；P_t 为 t 期归还的本金。

如果将债务筹资的费用纳入考虑，那么企业实际的债务筹资额度大约为这个筹资费用率：

$$K_L = K_d(1-T), T \quad P = P_0(1-f) \quad K_L = K_d(1-T) \quad (1-f), f$$

（二）权益资金成本

1.普通股资金成本

普通股成本资金是募集普通股资金所需要的成本。确定这个成本的主要方式有三种，即使用资产定价模型、股利增长模型和债券收益加风险回报法（风险溢价法）。

（1）资产定价模型

当计算权益成本时，最常用的方法是资产定价模型。按照这个模式，权益成本等同于无风险利率外加风险溢价。

$$K_S = K_{RF} + K_R \times \beta$$

式中：K_S 为普通股成本；K_{RF} 为无风险报酬率；K_R 为市场风险报酬率；β 为相比于证券交易的一般风险程度，个别证券所面临的经营风险高度。

这个方法的挑战在于需要预先计算股票的系数。

（2）股利增长模型

股利增长模型法是根据股权融资的利润率逐年上升来测算资金效率。一般来说，设定利润以一定的年度增长速度递增，那么权益成本的计算公式为：

$$K_S = \frac{D_1}{V_0(1-f)} + g$$

式中：D_1 为预期第一年的股利；V_0 为普通股当前市价；f 为普通股筹资费率；g 为股利的年增长率。

这个方法的挑战在于预测股利的增长率，并且上述公式假设股利每年都会以固定的比例持续增加。如果股利的增长率是波动或者是间歇性的，那么需要对上述公式进行相应的调整。

（3）债券收益加风险回报法

依据"风险程度越高的项目需要更高的回报"的原则，相较于债券持有人，普通股持有者承担的风险更高，因此他们会在债券持有人所期望的回报之上增加一定比例的风险补偿。基于此理论提出以下公式：

$$K_S = K_{dt} + RP_e$$

式中：K_{dt} 为税后债务成本；RP_e 为股东需要承受比债权人更大的经营风险，就是所谓的经营风险溢价。

RP_e 主要依据普通股相对于债券的风险水平决定，这一点通常只能从经验中获取。资本市场的实践表明，公司普通股的风险溢价在大部分情况下是3%～5%。对于高风险的股票，会使用5%，而低风险的股票会选择3%。

2.优先股资金成本

优先股的利息一般是固定的，与债券类似。因此，计算优先股成本和计算债券成本是一样的。唯一的区别在于，优先股没有期限限制，并且优先股的利息会在缴纳所得税后支付，不会涉及税款减免问题。因此，优先股成本的计算公式为：

$$K_p = \frac{D_p}{P_0(1-f)}$$

式中：K_p 为优先股资金成本率；D_p 为优先股每年股利支出；f 为筹资费率；P_0 为优先股股金总额。

（三）加权平均资金成本

企业的各项资金成本与该类资本在所有资本中所占比重的乘积之和，即加权平均资金成本费用（WACC），可以通过以下计算方式得到：

$$WACC = \sum_{i=1}^{n} w_i k_i$$

式中：k_i 为资本 i 的个别成本；w_i 为资本 i 在全部资本中所占的比重；n 为不同类型资本的总数。

（四）边际资金成本

1. 边际资金成本的含义

当某个特定金额被用于融资时，该特定的利率被称为"保守投资策略下可接受的最小收益"，即当前资产配置中的最大融通额度。如果实际借款量超出这个限制值后，即便继续使用相同的比例分配资源和负债比例，那么利息费用也会上升并导致整体贷款风险增大，其资金成本率也会增加。这时，一个单位的资本增加的成本成为边际资金成本。当某个项目的额外投资需求仅使用单一筹资手段时，通常不会产生显著影响。然而，如果该项投资规模庞大或者已设定明确的目标资本架构，则需要运用多样的筹资策略来达成所需金额。在这个过程中，需按照加权平均资金成本法对边际资金成本进行评估，而这个过程中的权重应当基于市值而不是账面价值计算。

2. 边际资金成本的计算

边际资金成本的计算步骤如下。

1）首先是确定各种资本资源的成本边界线。成本边界线代表导致成本变化的投资金额。比如，一家建设工程公司如果长期贷款低于100万元，那么它的融资成本就是5%；一旦超过这个数值，其成本就会提升到6%，因此100万元就被视为该种融资策略的成本临界点。

2）确定追加筹集资本的资本结构。

3）明确融资突破点的定位及其相应的融资范围。融资突破点是某一资金渠道的资金成本产生变动的融资总量。若在融资突破点内进行融资，资金成本会保持稳定，然而如果超越这个点，即便资金配置没有改变，其资金成本也可能会变化。

4）计算增加筹资金额的边际成本时，应将其分为几组。

第四节　资本结构决策

一、资本结构的含义

资本结构，代表了其从各个渠道获取的长久投资方式、综合使用情况，以及它们之间形成的比例与平衡状况。一般而言，公司的资金主要来自长时期借款和股权融资，而所谓的"资本结构"就是这些长时期借款和股权融资各自占据的具体份额。这是公司融资决策的主要焦点，公司需要全面权衡相关的影响要素，并利用合适的手段确定最优的资本结构，同时要在后续增加融资的过程中维持这个状态。

二、资本结构决策

资本结构决策是决定多种可能性的投资组合的关键步骤之一。此项金融决断对企业的重要性不容忽视，通过优化资产分配能有效地减少整体融资费用，利用财务杠杆利益能够实现经济效益提升和公司价值增长。

适度运用负债可有效降低公司的资本成本，然而一旦公司过度依赖借款，那么获得的杠杆效益将被贷款利息消耗殆尽，从而增加企业的财务压力。因此，公司需要找到最适合自己的借贷比例，以实现加权平均资本成本的最小化并达到最大的企业价值。因为每一个公司都处于持续变动的运营状况与外部的商业生态，这导致寻找理想的资本结构变得相当复杂。通常采用的决定资本结构的方法包括资本成本比较法、每股收益无差别点法和企业价值比较法等。

（一）资本成本比较法

采用资本成本比较法，即在无视各类资金筹措途径在规模和比率上的限制及财务风险差别的前提下，对以市价为基础的长期资金综合运用计划的加权平均资本成本进行评估，然后依据该评估结果挑选出加权平均资本成本最低的资金使用方案，从而决定最佳的资本结构。

依据股份平等的原则，旧有的股权需要按照新增发行的股票的资本收益率来评估，也就是所有股东都需以新增发行的股票的资本收益率为基准去衡量他们的总体投资回报率。因此，选择方案二比方案一更具优势，从而形成了公司的理想资本结构。尽管公司进行了额外的融资活动并调整了资本结构，但是通过对这些活动的深入研究和估算，仍然能够做出明智的资金管理决定，使公司得以维持最优的资本结构。

虽然计算方法和流程相对直观且简便，但是资本成本比较法，只关注选择具有最优资本成本的企业作为投资对象，而忽略了对潜在财务风险的影响分析。因此，这种方式实际上是在追求利润的最大化，而非公司的整体价值最大化。通常情况下，此种方法更适合用于那些拥有小型资金规模，并且资本结构较简单的非上市公司。

（二）每股收益无差别点法

利用每股收益无差别点法评估各种筹资策略下的企业每股收益是否一致，并以此为依据挑选出能产生更高每股收益的筹资方法。显而易见的是，该种决策准则的核心是比较各筹资手段对投资者产生的总收益大小。计算公式如下：

$$EPS_1 = EPS_2$$

$$\frac{(\overline{EBIT} - I_1)(1-T) - DP_1}{N_1} = \frac{(\overline{EBIT} - I_2)(1-T) - DP_2}{N_2}$$

若企业无优先股筹资则计算公式为：

$$\frac{(\overline{EBIT} - I_1)(1-T)}{N_1} = \frac{(\overline{EBIT} - I_2)(1-T)}{N_2}$$

在营业利润为870万元的点位，这两种融资策略产生的每股收益是一致的。假设预计 EBIT 小于此数值，那么增发普通股可能会成为更优的选择；假设预计 EBIT 大于该数值，则加大负债将带来更高的每股收益。

(三) 企业价值比较法

企业价值比较法是一种基于充足的财务风险信息，以企业价值为衡量标准，通过计算确定企业最优资本结构的方式。

一个公正的评估企业价值的方式是：企业的市场价值 V 相当于其股票的市场价值 S 外加长期债务的价值 B，即：

$$V = B + S$$

我们设定企业的长期债务及债券的当前价格等同于它们的票面价值，而对于企业股票来说，它的市价应是未来盈利按照投资者期望的利率折算后的结果。如果企业的运营收入持续稳定，并且投资者的预期收益率保持恒定，那么该企业的股权市场估值为：

$$S = \frac{(EBIT - I)(1 - T)}{K_s}$$

式中：$EBIT$ 为息税前利润；I 为年利息额；T 为公司所得税税率；K_s 为权益资本成本。

运用资本资产定价模式来评估股票的融资成本费用 K_s：

$$K_s = K_f + \beta(K_m - K_f)$$

式中：K_f 为风险报酬率；β 为股票的贝塔系数；K_m 为平均风险股票必要报酬率。

由此，可得：

$$V = B + (EBIT - I)(1 - T)/K_s$$

依据上述公式，可以测算出公司的市场价值和加权平均资本成本。然后根据公司价值最大化来选择最好的投资方式。在这个阶段，所得到的加权平均资本成本将达到最小。

公司的加权平均资本成本为：

$$K_\pi = K_B\left(\frac{B}{V}\right)(1-T) + K_s\left(\frac{S}{V}\right)$$

第五节　财务杠杆与财务风险

在企业运营中，杠杆效应指的是当固定支出提升时，企业的预期收入随之上升，但同时会带来更高的风险，这被称为"经营杠杆"，它由与商品制造或者服务供应相关的固定业务成本引发。至于"财务杠杆"则是由借款利率、贷款本金等固定资本投入带来的结果。这两种杠杆都会扩大盈利波动的幅度，进而对企业的风险和效益产生深远的影响。

一、经营风险与经营杠杆

（一）经营风险

经营风险，是企业由商品运营导致的收益（税前利润）或报酬率的不确定性。其与收益率的不稳定性相关联，这是所有商业行为中不可避免且现实存在的潜在风险，因此也被称为商业风险。许多因素会产生并影响企业的运营风险，其中最关键的是产品的需求波动、销售价位变迁、每件商品的生产成本变更、定价策略的影响力转变、研究开发实力、固定支出占总支出的比值变化等。

在企业的全部成本中，固定成本费用占比较高时，每个产品承受的固定成本费用就会提高。一旦业务量发生改变，那么每个产品承受的固定成本将相应地变动，最终导致利润在税前更大幅度地波动，这样经营风险就会增大；反之，经营风险则会减小。

（二）经营杠杆

固定资产生产成本总量是一个恒定值，它在一定的时期和业务量区间内（相应区域）不会随着企业产销量的波动而改变。因此，即使企业产销量发生了变化，其息税前利润也无法与之成比例增长。

经营杠杆也被称为营业杠杆或营运杠杆，它是指公司预扣利息前的收益随着公司的销售额增长而出现更显著的变化，也就是在一个特定的固定开支比例的影响下，销量波动对于利润产生的效应。由于经营杠杆的存在，公司有机会获得经营杠杆利益，然而也会面临更多的经营风险。也就是说，如果公司的销售额上升，则营业利润可能会以较大的百分比提升，同时将承受更大的经营风险，这意味着营业利润的不稳定性增强；如果公司的销售额下滑，那么营业利润将会有较大幅度的减少，从而导致更大的亏损。此外，这种杠杆效应也能扩大公司的盈亏状况。

营运杠杆揭示了销售额与税前利润的相互影响，评估销售额变动对税前利润的作用可以从以下两个角度进行。

以下内容中：Q 为销售量；P 为单位售价；V 为单位变动成本；F 为固定成本总额；$EBIT$ 为息税前利润。

1. 息税前利润与盈亏平衡分析

息税前利润计算公式如下：

$$EBIT = Q \times (P-V) - F$$

盈亏平衡点，也就是总收入等于总成本（也就是说在息税前利润为零）的情况下，销售量会达到盈亏平衡点。计算公式如下：

$$Q = F/(P-V)$$

如果超出了盈亏平衡点的额外销售，企业的利润将提升。如果销售量降低到盈亏平衡点以下，随着销售量的持续减少，损失将会逐步扩大。

2. 经营杠杆系数

可以用经营杠杆系数来评估企业经营杠杆的影响力。这个系数是指公司在息税前盈余和销售额变动率之间的比值，通常用 DOL 表示。经营杠杆系数越大意味着企业面临的运营风险越高。其计算方法如下：

$$DOL = \frac{\Delta EBIT/EBIT}{\Delta S/S}$$

$$= \frac{\Delta EBIT/EBIT}{\Delta Q/Q}$$

式中：$EBIT$ 为息税前利润；$\Delta EBIT$ 为息税前利润变动量。

值得注意的是，虽然经营杠杆系数的提升并不直接导致经营风险的变化，但它确实能反映出这些可能性的存在。假设公司维持着稳定的销售业绩与固定的成本结构，那么无论其经营杠杆系数如何增加都毫无价值可言。然而，因为销售及成本状况具有潜在的不稳定性，经营杠杆系数能够增强息税前收益的波动性，从而增大了公司的运营风险。因此，我们应该把经营杠杆系数视为对"潜在风险"的一种度量方式，而这只会在销售和生产成本出现变动的条件下显现出来。

二、财务风险与财务杠杆

（一）财务风险

财务风险是公司使用借款融资策略导致的无法履行还款义务的可能性，这部分风险最后由普通股票持有者承受。公司通常会在运营过程中通过贷款来支持其业务发展，无论盈利情况如何，借款利率都是恒定的。如果公司的资金结构中增加了借款类具有固定性筹资成本的比例，那么固定的现金流出量会增多，尤其是在利息开支增长快于预期的收入增速情况下，公司可能因为过高的债务成本产生净收益降低的情况，从而加大失去还债能力的可能性和提升财务风险。若债务资本占比低，财务风险相对较小。通常，财务风险的程度可以用金融杠杆系数衡量。

（二）财务杠杆

企业的净利润（税后利润）会随着息税前收入的变化而发生更大范围的波动，这就是财务杠杆。它阐明了普通股每股利润与息税前收益相互的关联，可以用财务杠杆系数评估财务杠杆的作用。

财务杠杆系数是由特定的税前利润变动导致的自有资本收益率（税后盈余）。当财务杠杆系数的值增加时，财务杠杆的作用增强，同时会带来更高的财务风险；如果该值减小，则表示财务杠杆的影响力降低，相应的财务风险也将减少；若资本总量和息税收前的盈余保持不变，那么负债比例越高，其对应的风险就越大，而投资者的期望回报也就越高。不过，这种负债比例是可控的，公司可以通过优化资本结构并适当借贷来平衡财务杠杆可能产生的负面效应。财务杠杆的评估方式如下：

$$DFL = \frac{\Delta EPS / EPS}{\Delta EBIT / EBIT}$$

式中：DFL 为财务杠杆系数；EPS 为普通股每股利润；ΔEPS 为普通股每股利润变动量；$EBIT$ 为息税前利润；$\Delta EBIT$ 为息税前利润变动量。

同时，$EPS = (1/N)(1-T)(EBIT-I)$，所以，$\Delta EPS = (1/N)(1-T)\Delta EBIT$，则上述公式还可推导为：

$$DFL = \frac{EBIT}{EBIT - I - \frac{D}{1-T}}$$

式中：T 为所得税税率；I 为债务利息；D 为优先股股利。

若企业没有发行优先股而只有普通股，则有：

$$DFL = \frac{EBIT}{EBIT - I}$$

三、总杠杆

总杠杆是指营销杠杆透过增大销售来直接影响息税前利润，而财务杠杆是通过提高息税前收益直接影响收益。一旦两个杠杆同时作用，那么销售量的变化将使股票收益率产生更大幅度范围的波动性。总杠杆作用是由这两种杠杆共同产生的结果。

总杠杆效应的强弱直接反映了营业收益变化对每股收益的影响程度，其影响力可以用总杠杆系数（DTL）衡量，其运算公式如下。

公式一：

$$DTL = \frac{\Delta EPS/EPS}{\Delta S/S}$$

公式二：

$$DTL = \frac{\Delta EPS/EPS}{\Delta S/S} = \frac{\Delta EBIT/EBIT}{\Delta S/S} \cdot \frac{\Delta EPS/EPS}{\Delta EBIT/EBIT} = DOL \cdot DFL$$

公式三：

$$DTL = \frac{(P-V)Q}{(P-V)Q - F - I} = \frac{EBIT + F}{EBIT - I}$$

第六节 筹资决策

一、筹资决策概述

（一）筹资决策的概念

筹资决策涉及评估并挑选出能满足企业融资需求的方式、数额、时间、费用、风险及计划，以最终确定最合适的资金配置策略的过程。核心在于通过各种筹资方法寻找能够获得最具性价比且资金成本最低的资金来源，即寻求一种使企业的平均资金成本率尽可能低的资金组合模式。这是一种与投资决策相对应的重要商业决策。

为了确保企业的持续性和发展，需要拓宽视野并调整思维方式来强化其运营效率及提高全球竞争能力。特别是融资方面的工作尤显重要，因为它能作为实体经济领域到货币交易领域的纽带发挥关键功能。因此，对于投资者来说，他们不仅需考虑如何获取所需资源的问题（投融决定），还应同时考虑到怎样获得这些资产的方式方法（也就是借贷选择等一系列相关事宜），还要确定好各类借款工具的比例关系等。另外，关于流动性的控制工作，应该关注保持日常业务运作中现金流的健康运转状态而不陷入无法偿付的风险中。

融资选择会对企业的财务结构或者资本结构产生影响和变化。一般来说，企业获取资金的方式主要有三种：短期借款、长期贷款和股票投资。而那些能带来长远效果且具有战略价值的融资方案，往往指向长期债务融资策略及股票投资策略，也就是我们常说的资本配置决策。企业实施的分红政策会影响其内部储备金额的大小，同时会直接影响到其如何做出融资计划。

企业在借款时可能会失去偿还债务的能力，以及其利润的变动性。无论是筹资、投资或者生产经营活动，企业都不可避免地面临一些风险，这就是我们通常说的筹资风险。

（二）筹资决策的目标

筹资决策的目标如下。

其一，获取企业运营和发展所需的资金来源。也就是说，有可行的筹款途径，如果要进行股票募集，需要有人出资；如果要借款偿还债务，则需要企业自己筹集资金以获取经营收益和利润。

其二，尽可能地降低筹资的成本。不仅要确保筹集到足够的资金，还需要尽量减少所需的筹资费用。

其三，尽可能地降低筹资的风险。也就是说，应该尽量将偿债期限分散，避免因过度集中而引发企业债务危机。

（三）筹资决策的程序

以下八个要点是筹资决策的程序规定。

1）明确投资需要，制订筹资计划。
2）分析寻找筹资渠道，明确可筹资金的来源。
3）对所有筹资途径的募集项目成本和其他费用进行测算，也就是说，要求测算出筹资费用率——每1亿元所需的筹资成本。一般成本包括商业银行借贷的利息和交易成本费用，股本融资则一般涉及发行股票的成本费用。供应链和客户的信用（包含供应商的支付和预付款）通常是无偿的，这些都构成了企业融资的重要成本，而投资机会成本也是一个重要因素。

4) 对企业的现有负债结构进行分析，确定偿还债务的风险期限。

5) 对企业的未来现金流进行分析，确定其各时期偿还债务的能力。

6) 在计算偿还债务的风险时间段内，基于优化负债构成，选择设立新的负债。

7) 在权衡偿还债务的风险和筹资成本后，制订筹款计划。

8) 在选择筹资方案时，应尽可能地在承受偿还债务风险的范围内，选择成本较低的筹资途径来获取资金。

二、筹资决策原理

（一）筹资决策的内容

筹资决策内容通常如下。

①确定筹资的数量。②确定筹资的方式：债务筹资或股权筹资。③确定债务或股权的种类。④确定债务或股权的价值。

（二）筹资决策的方法

筹资决策的基本方法有以下三种。

第一种，筹资代价法涵盖了对筹资成本的比较、对筹资条件的比较及对筹资时间的比较等。

第二种，对比融资机会的方法，涵盖了评估融资实施的可能性和融资风险的等级。

第三种，只要预计的效益超过筹资成本，该计划就可以执行。这是通过比较投资收入与代价实现的。

其中，第三种方法是评估筹资计划是否可行及选择最优的筹资计划的主要参考。

三、建筑施工企业筹资风险的回避

建筑施工企业应从以下四个方面来避免筹资风险。

其一，在筹集资金的过程中，施工企业需要的资金及其借款期限应与承包项目的建设周期相匹配。

对于那些未提前收取费用且完工后再一次性结清的项目来说，其建设周期通常是八个月。因此，当企业从银行贷款筹集资金时，他们必须申请期限为八个月的短期贷款。同样地，一家从事建筑施工的企业承接了一个两年工期的建设项目，并且所有工程款项将在完成之后一次性支付，没有事先付款的情况发生。那么，这家建筑企业在寻求资金的时候，首年的需求应该通过向银行申请两年的贷款来解决，而次年的需求可以通过一年期的贷款实现。如果该企业有良好的信用记录，可以灵活运用短期资金，比如，以边举债边还贷的方式满足长达两年的项目建设需要的资金，从而减小负债带来的财务压力。此外，企业需要按照季度的形式制订每月的现金收入与支出计划，并依据这些计划安排日常的现金流管理，使之达到收支平衡的状态，同时应注意现金流的时间分配问题，确保能够按时归还贷款本金。

其二，依据企业的总资产在息税前利润是否超过债务资金的利息率，适当调整负债比例，适度进行负债经营，从而在总体上降低筹资风险。

对那些经营状况一般且无法支付高额利息的企业来说，一旦他们选择继续举债，会导致他们的净资产回报率下降，股东利益受损，企业公司估值减少，甚至有可能出现亏损和无力还款的情况。因此，必须采取两个策略改善企业的资本结构：首先通过提高自有资金的比例减小整体债务的风险；其次在需求和贷款能力之间实现平衡，调整企业的债务结构并强化财务杠杆的使用限制。此外，需要预判未来几年的利率走势，以便做出合适的决策。例如，如果预计利率上升，那么企业应该考虑使用固定利率贷款；如果认为利率可能会下调，就应当采用浮动利率贷款的方式，这样可以有效缓解付息压力。

其三，强化建筑业务管理，增加企业经济收益。

在承担工程项目之前，建筑企业需要经过详尽的可行性分析和对建设项目建设效益进行深入研究。同样，其还需要加大对建筑工程成本费用的管理力度，并妥善处理工程款项的结算事宜。

提升经济收益是确保企业能够及时偿还债务本金的基础条件。

其四，当企业遭遇财务问题时，应立即进行债务重组。

一旦企业因工程运营不良或面临财务压力，应当积极地同债权方沟通，针对债务问题寻求双方共识并在债权方的理解下达成妥协，允许对债务进行重组。主要的债务重组策略包含以下三种方法：使用资产清偿债务、把债务转化为资本、更改其他债务条件或者综合运用。

通过与债权人达成重组协议，可以减轻企业偿还债务的压力并帮助其渡过财务难关。

第二章　企业项目投资管理

在这个充满挑战的时代，企业的基本策略是在选择项目时确保预期的回报大于基准收益，并且可以承担潜在的风险与亏损（前提是不超出企业的可接受范围），同时保证投入资金量能满足未来不可预测的市场需求变化。

企业对项目投入资金的主要目的是实现价值增值，即当某个项目的回报率高于金融市场的预期时，就被视为实现了超额收益。这个超出预期的收益被认为是价值的创造。价值的形成有多种途径，其中最具影响力的可能是行业的吸引力与竞争力。这是能使项目产生净现值的因素——这些提供的回报率超越了金融市场设定的预期收益的因素。

企业的投资活动所产生的经济效益主要通过其新增现金流及综合资金成本体现。对于所有的商业机构而言，现金流量比财务报表上的利润更重要，通常会以现金流量的形式评估潜在投资回报，而非仅依赖账面盈利。只有预见到未来的现金流入增加时，企业才会愿意使用现金额度去投资。此外，这种新增的现金流需具备一定的规模，是否进行投资或停止投资取决于对各选项间的比较分析，同时需要考虑现金的时间效应等问题。

第一节 项目投资管理概述

一、企业投资的意义

企业投资是把现有的财务资源投入并使用于商业活动或者金融交易中,如购买各类营运设备或是获取它们的所有权,也可能是拥有这种权益,目的是期待在未来的某个时间点得到预期的投资收益。在一个以市场为导向的经济环境下,企业的资本能否被投向那些预期利润丰厚、风险较低且回款迅速的项目上,对企业的生存与发展具有极大的影响。

（一）投资是达成财务管理目标的基本条件

企业财务管理的目标是持续提升公司价值,为股东创造更多财产。因此,需要企业实施各种策略以不断增加盈利和降低风险。如果企业想获得更大的收益,就必须进行投资以取得投资回报。

（二）企业投资是其运营与发展的重要工具

为了确保基础再生产的持续运转,需要定期维护所有的固定设备并对其进行升级改造；同时,产品的生产流程也需要不断地优化完善,以保证员工技能的高效提升。此外,为达到扩展型的再生产目标,需进一步加大固定资产的投入力度,增聘更多的员工,提升他们的能力素养,并在生产工艺上追求更高的技艺水准等。因此,企业的投资行为不仅能有效地强化自身的竞争力,还能拓宽市场的广度。

（三）企业投资是一种减少运营中潜在风险的有效手段

通过对业务流程中较脆弱或者重要的部分投入资本,能推动各方面的运作协同并保持均衡,从而增强整体的生产实力。如果将资源分

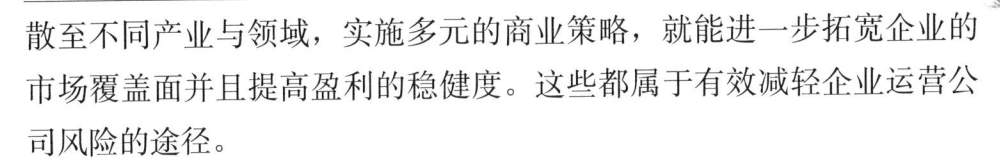

散至不同产业与领域,实施多元的商业策略,就能进一步拓宽企业的市场覆盖面并且提高盈利的稳健度。这些都属于有效减轻企业运营公司风险的途径。

二、企业投资的分类

为了深入理解企业的投资行为,并强化投资管理,必须对企业的投资按照各种标准进行分类。

(一)根据投资与企业的生产经营活动的联系进行分类

1. 直接投资

直接投资,是企业将资金直接用于自身的生产和经营活动,或者直接用于其他企业的生产和经营活动,以获取生产和经营利润的投资。

2. 间接投资

间接投资,是企业将资金用于购买价值较高的金融产品,如有价证券等,以获取利润、股息或资本收益的一种投资方式。

(二)按照投资回收时间的长短分类

1. 短期投资

短期投资,也称流动资产投资,是企业将其资金用于可以而且预计在第一年内回收的各类资产上的投资。例如,对现金、应收账款、存货和短期有价证券的投资等。

2. 长期投资

长期投资需要超过一年的时间才能获得回报,这包括购买房屋建筑、机器设备等固定资产,新型产品、技术、工艺和材料的开发,购入他人企业发放的企业债券,以及拥有他人企业的股份(或股票),还包括兼并和收购其他企业等。

(三)根据投资在企业生产和运营过程中的影响进行分类

1. 初创投资

初创投资,是在企业建立阶段所进行的投资,这种投资会形成企业的基础资产，为企业未来的生产运营提供必要的条件。

2. 后续投资

后续投资，是公司成立之后，为确保其运营与发展的稳定性和持续增长而实施的一系列投资活动。这些后期投入通常包含用于维护基本再生产的更新型投资、对于扩展再生产的追加型投资，以及对生产经营方向进行优化的转移性投资。

（四）按照投资的方向分类

1. 对内投资

对内投资是将资金用于企业的生产和经营活动，如建设固定资产、储存库存等。这种投资的目的是扩大企业的再生产能力。

2. 对外投资

对外投资是企业使用现款、实物或无形资产等方式，以购入股票和债券等有价证券对其他单位予以投资。这种投资方式的目的在于使经营更加多元化，从而降低风险并扩大企业的生产规模。

通常来说，对内的投资都是直接的；对外的投资既可以是直接的，也可以是间接的。

三、企业投资管理的原则

投资是企业运营的核心目标，其目的在于获取收益和提升企业价值。能否达成这个目标，关键在于企业能否抓住有利的投资机会并做出正确的投资决策。因此，企业在进行投资管理和决策时必须遵循以下原则。

其一，认真进行调查研究并迅速抓住投资机遇，这是公司投资活动的基础，也是其关键性的决定环节。

在自由的市场环境中，投资选择并非一成不变，而是会持续地发生转变，受到各种因素的影响，尤其是市场的消费趋势变动。为了确保公司的投资行为有利可图，需要科学严谨地开展市场调研与市场评估，寻找最佳的投资选项。因为市场始终处于变革和发展中，所以对市场及投资机会的关系，也应该采取动态的方式进行把握和处理。

市场的持续变化和进步，使我们有机会看到一个又一个新的投资机遇。随着社会经济的持续发展，人民收入逐渐提高，消费需求持续演变，这些都是越来越多投资机遇出现的原因。

其二，在市场经济环境下，企业做出的任何投资决定都会伴随一定程度的风险。

为保证投资选择的准确性和有效性，需要严格按照科学的投资决策流程执行项目的可行性研究。主要目的是通过深入的技术与财务方面的评估，证明项目的可行性、国家经济发展潜力和财务效益，并利用各类工具和技巧去衡量相关的数据，从而合理地判断各投资方案的好坏。作为负责公司资金管理和管控的机构，财务团队也应积极参与这个过程。

其三，为保障项目的投资需求得到满足，需要及时且充足地筹备资金，特别是在大规模的项目投资中。

这些项目通常耗时长、需要的资金多，一旦开始施工就需要稳定的资金支持以维持项目建设进程。如果无法做到这一点，可能导致项目停工或"半拉子"工程，给企业带来巨大的经济损失。因此，在启动项目投资之前，需精确预估所需资金和时间表，并采取合适的策略筹集资金，以便成功推进项目投资并尽早实现收益。

其四，深入探讨项目的投资风险并实施有效的管理策略以降低潜在风险。

通常情况下，回报和风险总是互相伴随的。一般来说，收益越高的项目往往伴随越高的风险，收益增长需要付出风险上升的成本，反之则相反。风险如果过高，可能导致企业资产减少，这并不符合企业的财务目标。因此，在进行项目投资决策时，应该同时考虑到收益和风险因素，并且要在两者之间找到平衡点，才能持续提升企业的价值，达成其财务目标。

四、企业项目投资及其分类

项目投资在企业的全部投资中占据极其关键的位置,通常被定义为长期投资中的固定资产投入。它对企业的稳健发展、未来的盈利及长期偿债能力都有重要影响。

(一)企业项目投资的特点

与企业其他类型的投资相比,项目投资具有以下五个特点。

1. 影响时间长

对于那些需要长时间投资的项目来说,它们的影响力会随着时间的推移而逐渐增强,可能需要数年或数十年的努力才能够完全回收所有的成本。因此,项目的投资选择对企业的未来运营及财务状况有深远的影响,它的成功与否直接关系到企业未来的发展前景,有时甚至能起关键作用。

2. 投资数额大

项目投资,特别是战略性的提升生产力投资,通常需要大量的资金支持。这些投入在企业总资本中占据很大比重。因此,给企业的投资、未来现金流和财务状况都会带来深远影响。

3. 不经常发生

项目投资的频率通常不高,尤其是那些大型且具有战略重要性的项目投资,通常需要几年甚至数十年才会出现一次。因此,企业必须对项目投资进行谨慎的决策。

4. 变现能力差

项目投资作为一种长期的投入,其回报周期较长,短时间内的变现能力相对较弱。因此,只要项目投资到位,它就具备了不可逆转的性质。

5. 投资风险大

企业在做出投资决策时必须仔细进行风险评估并且在项目投资运营期间严格控制风险,尽可能降低风险,提高投资收益。

（二）企业项目投资的投资主体

在财务管理领域，投资的市场主体通常是中小企业，而非私人、政府机构或专门的投资机构。因为这些投资者的不同，他们的投资目的也会有所不同，从而导致其决策评价准则和方法等层面存在差异。

企业通过向金融市场借款筹集资本并投入诸如固定设备和流动资产等方面，期待实现预期的收益，从而提高企业的利润和增加公司的价值。当公司从金融市场获得资金用于投资时，它必须确保其投资回报高于金融市场的投资者所需的回报率，只有超出这部分才能带来更高的企业收入和更大的企业价值。因此，评估投资项目的质量应该以融资成本的基础为前提。

（三）企业项目投资的类型

按照不同标准，项目投资可划分为不同的类型。

1. 按照投资对企业的影响划分

战略性的投资是那些可能对企业全局造成重要影响的项目，如收购别的企业或扩张企业的运营规模，或者研发新的产品等。这种类型的投资不仅是为了达到多元化的商业模式，也是为了获得对目标企业的关键影响力乃至控制权。它的主要特征包括需要大量资金投入、收回周期漫长且潜在的风险较高。因为这些项目可能会增加企业的业务量级与经营范围，甚至是调整企业的运作方式，它们对企业的生存及发展具有重要的意义，故而此类投资需遵循严格的投资步骤进行详细的研究后才可做出决定。

战术性的投资是针对企业特定部门或具体项目的投资行为，如对设备的改良和优化、旧品的改进或者削减成本等。这种类型的投资的主要目的是保持企业的当前产能水平并保住现有的市场占有率，或是充分利用空余的生产力以提升企业的盈利状况，所以它的投入金额较低且回本速度快，同时风险相对较小。

2.按照投资对象不同划分

固定资产投资是把资金用于住房建造、机器设备、交通工具和其他固定资产再生产的投入。

无形资产投资是将资金用在专利权、非专利技术和商标权等无形资产上。

其他资产投资是将资金分配到上述资产之外的一些长期性资产，如农村土地所有权、商誉和开办费等。

3.按照项目投资的顺序与性质划分

先决性投资是只有完成某个特定项目的资金注入，才可能让后续或者同步开展的项目获得盈利。比如，企业需要提升产能并引入新设备时，若想保证这些新设备顺利运行，就需要电力供应的支持，而这个电力相关的项目支出就被视为必要的先决性投资。

后续性投资是在现有项目的基础上进行的，其成功完成后能够实现与原项目相同或更高效的作用或性能，从而优化或替代现有项目。

4.按照项目投资的时序与作用划分

创立企业投资是为了建立一家新的公司，涵盖生产、运营和生活环境等方面的投入。这些投入的资金将通过建设转化为新公司的初始资本，如新设立一个子公司或分支机构。

简单再生产投资是对于那些在生产经营中已经无法满足需求的过时设备进行的投资。这种方式的特点是，将原先的生产经营过程中得到的资金重新用于生产经营，以保持现有的生产经营规模。

扩大再生产投资，是指为了扩大企业的现有经营规模而进行的投资。在这种情况下，企业需要额外投资以扩大其资产规模。

5.按照增加利润的途径划分

增加收入的投资是通过扩展企业的生产和营销规模以提高收入。其决策准则是评估项目完成后产生的现金流是否足够证明这个投资是可行的。

降低成本的投资，意味着保持企业的产品规模不变，通过减少产品和运营费用来间接提高企业利润。其决策准则是评估项目建设后，企业在成本方面获得的回报能否证明该项目具有可行性。

6. 按照项目投资之间的关系划分

独立性投资是在接受或舍弃一个项目（或计划）的同时，不会对另一个项目（或计划）产生影响。例如，某建筑施工公司收购某建材厂和自身的施工生产活动就构成了两个各自独立的项目投资。

关联投资是在接受或舍弃一个项目（或计划）的同时，也必须接受或舍弃另一个项目（或计划）的投资。例如，某建筑施工公司用于建设某个工业生产厂房和相应的生产设备的投资就被视为关联投资。

相互排斥的投资是如果选择某个项目的投入，那么必然会失去另一个项目的投资机会。简单来说，这是非黑即白的选择，在多个可能的项目中只能挑选其中之一。例如，房地产商在一个地块上有三种选项——建造普通的公寓、建设高级别墅或者建办公大楼，这三个选择是无法兼顾的，因此被视为互相排斥的投资方式。

对项目投资的类别进行研究，可以更深入地理解其特性及其相互关联，有助于投资决策者把握重点并分清主次。清楚地划分项目投资的类别，能帮助企业投资决策者做出正确的选择。

（四）项目投资决策程序

1. 项目投资决策程序

第一步：确定投资目标。这是项目投资决策的首要任务，我们需要明确进行的项目投资应达到什么样的目标或者解决哪些问题。

第二步：提出备选方案。一旦确定了项目投资的决策目标，就需要制订出多个备选方案。有时只有一个可供选择的方案，而有时可能会提出多个。提出备选方案是项目投资决策分析中不可或缺的环节。因为决策分析就是基于这些备选方案进行的。

第三步：收集可计量数据。当准备多种选择时，应尽量多收集各种可计量的数据，如项目未来的资金收入和支出等。这种数据可以通过企业的自身经验或者参考其他企业的历史案例获得，然后依据实际情况做出相应的修改。

第四步：对比分析。在收集完所有信息之后，选择并应用合适的项目投资评估方式，计算和分析各备选方案的相关评价标准，以判断各方案是否可行。

第五步：最终决策。在对所有可能的解决方案进行深入比较和评估后，要全面考虑各种可测量和不可测量的信息，才能最终确定最佳的解决方案。

2.项目投资管理程序

在收集到丰富的信息之后，需要进行项目的投资决定，这是整个项目投资管理的核心部分。从整体的项目生命周期的视角出发，这个阶段包含了诸如项目的机会分析、制订项目提案、项目的可能性研究、项目评级、项目执行及项目后评价等步骤。而这些都是在对项目的机会研究、可行性研究和评估的基础上进行的。

（五）项目投资决策应考虑的因素

1.货币时间价值

固定资产投资需要大量的资金，这部分资金可以一次性支付或逐步分配。然而，随着时间的推移，这种投资会以分阶段的方式被偿还，并且每个时期的还款额都受到时间价值的影响。因此，企业在做出固定资本投资决定时，必须考虑到时间价值对财务状况的影响，即对所有时段内的付款采用同一标准评估它们的价值，只有这样得到的结果才是公正且可信赖的。

2.现金流量

无论是在企业的内部分配资产或对外部合作伙伴投资，为了评估其经济效益和潜在价值，都需要使用特定的衡量标准判断投资的可行性。所有这些标准的计算都基于投资计划中的现金流量状况，因此现金流量作为评判投资项目（选项）能否实施的关键因素，是企业必须考虑的基础信息。

现金流量是描述因某个特定投资计划引发的现金收入和支出情况

的过程。在做出投资决策分析时,"现金"这个词被赋予了广泛的含义,不仅指代货币资金,还涵盖了与投资方案有关的所有非货币资产的变现价值。例如,当企业在做某一项投资时,投入的是企业的原有固定资产的价值,此时"现金"便包含了这些固定资产的变现价值或者重新购买所需的价格。

在项目投资决策过程中,企业选择运用现金流量的原因在于传统的财务管理方式依据责任发生的原则来确认企业的盈利与损失,通过从总盈利中扣除亏损后得到的企业收益被用于评估其经济效果。然而,对于长线投资而言,仅用这些基于该规则的方法无法有效判断项目的效果,取而代之的是需要把现金流入视为项目的收益,把现金流出看作项目的开支,然后利用净现金流量(NCF)来度量项目的实际收益,以此对投资项目做出有效的评判。投资决定需依赖实质支付制的现金流量评估项目经济效能,这是因为应用现金流量可以更精确地考虑资金的时间价值要素。正确的投资决断务必充分重视资金的时间价值问题,在制订计划的时候必须明确每一笔进账及出账的确切日期,这是因为不同时间的资金拥有不一样的价值。因而,比较各种方案的好坏时,应该参考各个投资项目生命周期的每个年度的现金流量情况,再借助资本成本、融合资金的时间价值做出最终的选择。不过,关于盈余的计算并未涉及资金收取或付款的时间点,因为它是由责任发生的原则驱动的。

以下五个方面的情况详细揭示了利润和现金流量的差异性。

1)在购买固定资产时,如果需要大量现金支付,则不会被计入成本,而是在未来的投资周期内分阶段计算。

2)在将固定资产的价值按照折旧率分阶段计算进入投资寿命期时,无须支付现金。

3)当计算收益时,企业不会考虑垫付的流动资金数量和回收的时间。

4)只要销售活动已经确定,就应将其计算为当期的销售收入,即使有一部分并未在当期得到现金支付。

5) 在项目寿命结束时，无法通过现金方式回收的固定资产剩余价值和预付流动资金，在计算盈利时也不能体现出来。

显然，为了在投资决定过程中考虑到时间价值要素，企业需要以现金流入和流出作为项目好坏的标准，而不应仅依赖收益情况。只有这样，投资选择才会更贴近实际状况。在长线投资的选择上，运用现金流量可以更精确且客观地评估各个投资计划的优劣，而单纯依靠收益会显现出其不够准确和客观的一面。

盈利展示了某个时期内的预计货币流入量，而非真实的现金流量。如果把尚未获得实款的销售额视为收益，则会带来较高的潜在风险，从而可能导致对项目经济效能的高估，并含有部分的不合理和不科学因素。

3. 资本成本

在固定资产投资决策时提及的资本成本，是为了获得用于投资的资金所产生的成本。企业若对固定资产进行投入，必定涉及大量的资金需求，这部分资金通常是从企业的外围渠道取得的，如通过银行贷款、发售债券或者股份等方式实现，因此企业有必要向提供这些资金的人支付相应的利息或分红，同时会产生一些相关的融资费用，这构成了所谓的资本成本（资金成本）。

对于企业而言，决定其长期设备投资的合理性和有效性的关键要素之一是资本成本。换句话说，它代表了该项设备投资是否有利可图的判断依据——只有当这项投资带来的收益超过所需支付的资本成本时，企业才认为这个方案值得采纳，否则应该放弃这样的选择。因为资本成本反映的是投资者需要从未来的回报中获得弥补的部分，而剩下的任何盈余都能够为企业的盈利增加贡献价值。因此，资本成本可以看作对所有潜在投资机会的最基本和最严格的要求，也就是所谓的"底线"或"极限利率"。

4.投资的风险报酬

所有企业的固定资产投资都有其潜在的风险因素。这些风险通常伴随不可预测性。换句话说，无论企业选择何种形式的长期资本投入，只要有未知数，就会产生相应的风险。对建筑工程行业来说，无论哪一种类型的固定资产投资都具有现实性的风险。

所有股东均希望参与到安全度较高的项目中。然而，因为企业运营和财务操作的复杂性和策略需求，他们通常也会选择一些收益丰厚却存在较高风险的项目。虽然这些项目的投资回报率很高，但也伴随较大的风险；如果投资的风险较低，那么它的预期回报也相对较少。因此，对于建筑工程公司的固定资产投资决定来说，必须谨慎评估。不仅需关注预期的利润，还要对潜在的风险有所警觉。

对于投资者来说，预期的收益回报如果高于没有考虑到风险因素时的收益回报，那么这部分差异就是他们承担风险带来的回报。从理论上讲，任何一项投资项目的预期报酬率都包括三个主要的部分：无风险报酬率（也就是货币时间价值）、风险报酬率和通货膨胀率。因此，我们可以得出这样一个公式：

预期的投资报酬率 = 无风险报酬率 + 风险报酬率 + 通货膨胀率

若忽视通胀的影响，则：

预期的投资报酬率 = 无风险报酬率 + 风险报酬率

第二节 项目投资现金流量的测算

一、项目投资现金流量的含义

对于项目资金投入的选择，根据现金流通的路径区分其类型：现金流入量（用符号"+"标记）、现金流出量（用符号"-"标记）和净现金流量。在固定资产投资决策时应将现金流入作为投资项目的收入，将现金流出作为投资项目的支出，将现金流入量与流出量的差额，即净现金流量作为投资项目的净收益，并作为评价投资项目经济效益的基本依据。

二、确定现金流量存在的困难

确定项目投资的现金流量,是在实行收付制度的前提下,预测并展示项目投资计算期间未来一年内的收支变动趋势和数量的过程。

对于实际的项目投资决定过程来说,明确某个特定项目的资金流量应包含的内容及其具体的数值,或解决如何确立这些资金流量问题并非易事,这取决于特殊的决策视角与当前的环境状况。项目投资现金流量的影响因子众多,总结而言主要有以下四个部分。

(一)不同项目投资之间存在的差异

在实际的项目投资决策过程中,各种投资项目在项目类别、投资组成部分、计算期构成、投资方式及投资主体等方面都有显著差异,可能会出现多样化的组合,从而可能产生不同形态的现金流量,其内容也千变万化。

(二)不同出发点的差异

即便是同一个投资项目,也可能存在各种不同的现金流量。比如,从不同决策者的角度来看,会有国民经济现金流量和财务现金流量的区别;从不同的投资方来看,会有全额投资现金流量和自有现金流量的差异。

(三)不同时间的差异

因项目的投资周期各环节有所区别,每个阶段的现金流量内容也会有差别;各类现金收入和支出项目的时间分布也有差别。比如,有些项目始于年初,另一些则发生在年末,甚至有一些均匀地贯穿整个年度;部分为时点指标,其他则是时期指标。另外,设备的折旧期限与运行周期的长短也可能会产生偏差。

（四）相关因素的不确定性

因为未来市场环境等不确定性因素会直接影响项目投资的成本和产出，我们无法充分预计它们的变化态势和发展程度。这必将对现金流量估计的精准度造成负面影响。

三、估算项目投资现金流量的假设

为解决项目投资决策实践中出现的现金流量估算问题，简化其计算步骤，在进行项目投资现金流量预测时，需要进行以下假设。

（一）项目投资的类型假设

假设只有三种投资方式可以被计入项目的总体投资，则为纯粹的固定资产投资、完整的工业投资及固定资产的更新改造。

（二）财务可行性分析假设

假如公司股东做出决策，那么他们确认现金流量只是用来开展项目投资的财务可能性分析研究。这个项目已经满足技术和国民经济的可行性要求。

（三）项目投资假设

在此设定中，我们假定在决定项目投资现金流量时，是从企业的角度出发全面观察所有投资活动，而不会对具体的如自有资金或借款等各种形态的现金流量进行详细分析。即便涉及借款，也会被视为企业自身的资金处理（然而，在核算固定资产原始价值及项目总投入时，仍需要考虑到建设期的资本化利率影响）。在这个设想中，项目的出资者实际上变成了企业本身，而非其股东。

（四）时点指标假设

无论实际包含的时间价值是属于时点指标还是时期指标，我们都假定按照年度初始和终结时的时点指标操作。例如，项目需要投入的所有资本都在项目的初期与期末支付，而流转资产需从一开始就注入

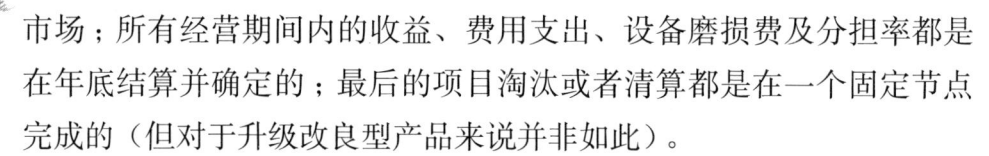

市场；所有经营期间内的收益、费用支出、设备磨损费及分担率都是在年底结算并确定的；最后的项目淘汰或者清算都是在一个固定节点完成的（但对于升级改良型产品来说并非如此）。

（五）确定性因素假设

假设所有与项目投入现金流量相关的售价、产销数量、生产成本及个人所得税率等都是已知的常量。

（六）产销平衡假设

在做项目投资时，我们假设每年的生产量与销售量是相等的。基于这种设想，我们可以推断出按照成本项目计算得到的当年成本费用应该等同于根据费用因素计算得出的成本费用。

四、项目投资现金流量的估算

（一）项目投资现金流出量的构成

根据资金流动发生的时间，可以把新投资的项目资金流量分成初始阶段现金流量、营业阶段现金流量和终结阶段现金流量。由于这个划分方式便于资金流量的统计，通常我们在进行新的投资项目决定的时候，会基于这样的划分进行现金流量的评估与分析。

1. 初始阶段现金流量

在初始阶段，通常会有以下六个主要的现金流量。

1）投资前期费用是在正式投资之前，为了项目的投入准备所需要花费的各种成本。这大部分包含勘察设计费、技术文档费、土地购置费及其他相关费用。在全面评估上述开支后，可以合理预测并确定项目投资前的总费用。

2）设备购置费用是为了满足项目投资需求而产生的所有设备成本。企业财务应根据预期的总量、尺寸、型号、性能、价格和运输费用等因素决定生产设备购买成本的大小。

3）设备安装费用是为了安装各类设备而产生的费用。这部分开支主要依据需要安装设备的数量、安装的复杂性、安装工程的规模及当地建筑安装的成本标准预估和确定。

4）营运资金的垫支是在项目完成后，必须先支付一定的运营资金才能开始运营。

这部分运营资金通常需要在项目寿命结束后才能收回，因此我们应该将其视为长期投入，而非短期投入。

5）在扣减有关税收后，原有企业的净收益。这个变价收入一般是在更新固定资产时卖掉原来的固定资产得到的现金收益。

6）不可预见费是在投资项目开始建设之前无法完全预见，但可能会发生的一系列费用。例如，设备价格的增长和自然灾害的发生等。这些因素也需要被合理地预测并确定，以便为现金流量的预测留出余地。

2. 营业阶段现金流量

通常情况下，我们使用年度作为基准评估企业的营业现金流量情况。具体来说，这包括企业通过经营活动获得的现金收益、支付给政府或其他机构的税收等费用。如果某一投资项目的年度总销售额与其运营产生的现金收益相符，且其固定成本也完全由运营产生，那么我们根据以下公式算出该项业务的年度运营现金净流量（NCF）：

年度营业现金净流量 = 年度营业收入 − 年度支付营业成本 − 所得税

= 税后净利 + 年度折旧费

3. 终结阶段现金流量

终结阶段现金流量主要如下。

1）固定资产的残值收入或变价收入（扣除需要缴纳的税费后的净收入）。

2）原先支付在各项资产上的资金的收回。

3）停止使用的土地的变价收入等。

（二）现金流量估算的一般原理

因为项目的资金投入、收益与利润都是通过现金流量体现的，所以在项目周期内的每个时期都可能会产生现金流量。企业需要每年预测每一个时间点的现金收入和支出情况。

1. 项目现金流入量的估算

1）营业收入是运营期间最主要的现金流入量，应根据项目在运营期内相关产品每年的预估单价和预计销售额进行评估。

2）政府的补贴收入与运营期间收益相关，这可以按照优惠政策返还的所得税、按销售额或工作量分阶段计算的定量补贴和财务补贴等方式确认。

3）在终结点上一次回收的流动资金等于每年预付的运营资本投入总额的平均数。回收运营资金和固定资产余值被统称为回收额，假设新建项目的回收额发生在终结点。

2. 项目现金流出量的估算

（1）建设投资的估算

在建设阶段，所有类型的建设项目都必须产生固定资产投入。这个数值应按照建设项目规模和资金预算规定的各种建筑工程费用、设备购置费用、安装工程费用及其余有关成本费用进行估计。

对于无形资产投入及其他类型的资产投资，应该按照相关资产的具体评价方式与定价准则逐一估计其对构建固定资产原始价值的影响。当考虑如何估算构成固定资产原值的资本化利息时，可以依据长期借款本金、建设期年数及利率采用复利的模式进行计算，并且假设建设阶段资本化利息只计入固定资产的原值。

（2）营运资金投资的估算

在项目投资决策过程中，营运资金是在经营期间长期占用并循环使用的资金。

某年营运资金投资额（垫支数）＝本年的营运资金需求数量－截至上年的营运资金投资额

＝本年营运资金需求数量－上年营运资金需求数量

本年营运资金需用数＝该年流动资产需用数－该年流动负债需用数

上式中的流动资产需要考虑存货、现金、应收账款及预付账款等因素；而流动负债也需要包括应付账款和预收账款。

付现成本，即在经营期间为了保证正常的生产和经营活动而使用货币资金产生的费用。这种成本是任何一类项目投资在经营阶段必须面临的重要现金流出量，它与融资计划没有关系。其估算公式如下：

某年付现成本 = 当年外购原材料、能源与动力费 + 当年的员工薪资及其福利费 + 当年的维修费 + 当年其他费用

= 当年未包含财务费用的总成本费用 − 当年设备折旧额 − 当年无形资产和开办费的摊销额

其中，其他费用是扣除折旧费、摊销费、原料消耗、维护费用、员工薪酬及其福利后的剩余部分。

（三）估算现金流量的困难

在对项目投资进行分析时，最关键也是最具挑战性的步骤就是计算项目的现金流量。现金流量受到企业内外各种因素的影响，且这些因素正在持续变化。

企业的现金流量状况是对企业全面运作情况的具体体现，换言之，所有能触及企业业务运行的要素都可能对其现金流量造成影响。这些外部的变量包含政策环境、经济条件、社会状态和科技进步等。而内因涵盖了企业的商业管理策略、产品生产过程优化、费用节约措施和销售推广计划等。任何一种或者多种这样的因素出现变动，都有可能导致现金流量的大幅波动。因此，预测现金流量需要充分考虑各种因素的作用，这并非一项简单的工作。

评估现金流量需基于对多个参数的预测，如价格、销量、生产成本和资金成本等。然而，由于众多影响因子的存在并涉及大量的主观决策，要在一定时期内精确且客观地预估这些关键指标，是相当具有挑战性的任务。

此外，预测现金流量必须依赖企业的多个部门，如营销团队、生产部门、规划组、财务处等。其中一些机构被视为主要的责任方，其他则是向其提供所需数据的支持方。他们在执行过程中也需做出一定

程度的主观评估与判断，他们的前提设定及假定对现金流量的预估结果有重大影响。有效地整合各部门工作并保持协同配合是一个关键且复杂的过程。

估算现金流量的困难不仅源于前述内容，还有许多其他因素。其中一些是可以预见的，但也存在意料之外的情况。故在实际操作中，计算现金流量是项目投资过程中最耗费时间和精力的环节。

（四）估算现金流量需要关注的几个问题

评估投资计划的资金流量时最基本的原则就是，仅有新增的资金流量才被视为与该项投资有关联。所谓的新增资金流量，是在实施或者否决某一投资决策之后，企业整体的现金流量产生的变化。唯有因选择该项目导致的额外现金支出增加额，才能算作此项目的现金流出；也唯有因选择该项目带来的额外现金流入增加额，才可视为此项目的现金流入。

为了精确估算投资计划的增量现金流量，需要准确地识别哪些支出会导致企业总现金流量的波动，以及哪些支出不会导致企业总现金流量的波动。在做出这样的判断时，必须关注以下五个问题。

1. 区分相关成本和非相关成本

相关成本是和特定的决策有关联并且在评估过程中需要被纳入考量的成本，如差额成本、未来成本、重置成本和机会成本等都被视为相关成本。与特定决策没有直接关系且无须在评估中予以关注的成本则被称为非相关成本。例如，沉没成本、账面成本常常就是非相关成本。

假如把非相关成本计入投资方案的总成本，某个利好的方案可能因此变得不利，某个较好的方案或许会转化为不好的，进而导致决策失误。

2. 不可忽视机会成本

在投资方案的选择中，如果选择了一个投资方案，则必须放弃投资其他项目的机会。

其他投资机会可能带来的收益，是执行此计划所需要付出的一种成本，也被称为该投资方案的机会成本。

所谓的"机会成本"并非一般理解中的"成本"，其并不代表任何费用或者开支，而是一种失去的收益。这笔收益并未真正产生，却是可能实现的。每当面临选择时，机会成本都会随之出现，只有通过比较被舍弃的方案才能精确地计算它的数值。

在决策过程中，机会成本的重要性体现在，它能帮助我们全面思考可以采用的各种策略，从而找到对已有资源最有效的利用方式。

3. 注意投资方案对企业其他项目的影响

一旦选择了一个新项目方案，它可能会给企业的其他项目带来积极或者消极的影响。比如，如果新能源商品成功推向市场，那么原本的其他商品的销量很可能会下降，并且全公司的总营业额可能不仅不会上升还会下滑。因此，企业在进行投资评估时，不能把新能源商品的收益当作增量收入看待，而需要从别的项目中减去由此造成的损失。然而，也有相反的情况出现，即新型商品推出之后能推动其他商品的销售提升。具体如何取决于该项新计划与现有项目的关系，即它们是存在竞争关系还是互补关系。

毫无疑问，对于这种相互作用的影响，实际上很难精确度量。在进行决策分析时，决策者仍需要考虑这些因素。

4. 注意投资方案对净营运资金的影响

通常来说，一旦企业启动了一个全新的项目并且实现了销量的增长，对诸如库存、应收账款等运营性的流动资产的需求将随之上升，因此企业有必要寻找额外的资金应对这一新增需求；再者，随着企业的扩张，包括应付账款及部分应付费用等营运性的流动负债也将同步提升，这将有助于减少企业的流动资金需求。

在投资方案即将完成的时候，企业会把与投入项目相关的库存卖出，应收账款转化为现款，同时要支付应付账款。这样一来，净营运资金就能回到原先的水准。一般来说，在从事投资分析时，都会假设刚刚开始投入时募集的净营运资金会在投资项目完成后被回收。

5. 企业内各部门的员工应一同参加对现金流量的估算

项目的资金投入涵盖广泛且影响力巨大，因此必须由企业内的多个团队和个人来评估并计算出投资现金流量。比如，通常通过市场部去预判产品的定价与销量变化，基于他们了解到的行业状况、经济发展环境、消费者行为模式、营销策略的效果等因素做出推测或预算；而工厂建设工程费用是由研发部的员工承担着预计的责任（包括机器购买费）；至于经营成本部分则主要依赖采买组、生产线上的员工还有人力资源管理者及其财会人员一起给出合理的预期值。最后就是企业的财务机构需设定一些基础性的假定前提以支持各个相关部门的数据分析工作，这些基本要素可能包含通货膨胀指数、贴现利率或是可供资源的限制条件等问题。

（五）所得税对现金流量的影响

在进行决策分析时，预测的是税后现金流量。因此，所得税被视为一种现金流出。同时，企业产生的开支可能导致所得税降低。这意味着，这些开支可以带来减缓税务压力的效果，也就是所谓的税收抵免效应。因此，当我们评估某个费用支出对企业的现金流量的影响时，需要考虑它的税收抵免特性。所得税的高低与利润水平及税率相关联，其中折旧是影响利润的一个关键因素。故而，关于所得税问题的探讨自然离不开折旧这个话题。

1. 所得税对投资现金流量的影响

投资者需要投入固定资产和流动资产的资金。通常情况下，用于流动资产的部分会在项目的终结阶段完全回收，这并不影响企业的收益状况，所以不会受到所得税的影响。若企业选择使用现有旧设备进行固定资产投资，那么在评估投资现金流量的过程中，应以该设备的变现价值作为其现金流量。同时，需要关注企业可能会产生或者减少的所得税。计算公式如下：

投资现金流量＝投资在流动资产上的资金＋固定资产的变现价值－（固定资产的变现价值－固定资产账面价值）×所得税税率

2. 所得税对营业现金流量的影响

缴纳所得税被视为一种成本，已经在计算净利润中进行了减除，然而因为无须立即付款，所以也可以将其视作现金流入。扣除所得税影响以后的费用净额，称为税后成本。与此对应的是税后收入。企业最终获得的现金流入就是税后收入。如果未考虑折旧和各项费用，企业的所得税将会增加很多。

税后成本＝总成本×（1－所得税税率）

税后收入＝收入×（1－所得税税率）

折旧的税负减少额＝折旧额×所得税税率

因此，公司的营业现金流量可以用下述公式表示：

营业现金流量＝净利润＋折旧额＝税前利润×（1－所得税税率）＋折旧额

＝（收入－总成本）×（1－所得税税率）＋折旧额

＝（收入－付现成本－折旧额）×（1－所得税税率）＋折旧额

＝收入×（1－所得税税率）－付现成本×（1－所得税税率）－折旧×（1－所得税税率）＋折旧额

＝收入×（1－所得税税率）－付现成本×（1－所得税税率）＋折旧额×所得税税率

3. 项目结束时的现金流量受到所得税的影响

项目结束时的现金流量包含设备剩余价值收益及营运资本的回收。因为营运资本的回收并不影响利润的变化，所以它也不会受到所得税的影响。而设备剩余价值收益若与预期设备剩余价值相符，同样不受所得税的影响。然而，当二者存在差异时，这种差距会导致企业的利润上升或者下降，所以在评估现金流量的时候，需要考虑这一因素的影响。

项目结束的现金流量＝固定资产残值收入＋预计垫付的营运资金－（固定资产残值收入－预计残值）×所得税税率

（六）通货膨胀对现金流量的影响

在特定的时间段内，物价持续、普遍增长就是通货膨胀。这种现象会导致货币购买能力减弱，进而对项目投资产生影响。通货膨胀对资本预算有两个主要影响：一方面会影响折现率的计算，另一方面则会影响到现金流量的估算。

1. 对折现率的影响

一般来说，我们会以利率作为折现率，而利率往往是以名义利率而非有效利率表述的。例如，假定一个人投资 1000 元的资金购买利率为 6% 的一年期的国债，这意味着政府承诺到了年底时他会得到 1060 元，但政府不保证 1060 元一定能够买到多少商品。假如在此期间内预估出的通货膨胀率上涨幅度达到了 5 个点的话，那么他得到的 1060 元的实际价值就只有 1009.52 元（1060/1.05），所以该债券的名义利率为 6%，或者说有效利率为 0.95%。而它们相互之间存在的关联度则是：

$$1+1+r_{名义} = 1+r_{有效}(1+通货膨胀率)$$

2. 对现金流量的影响

假设一家公司的未来现金流量预测是基于其年度价格水平，并且排除了通胀的影响，那么这种现金流量被定义为实际现金流量。而包含通胀影响的现金流量被称为名义现金流量。两者之间的关系如下：

$$名义现金流量 = 实际现金流量 \times (1+通货膨胀率)^n$$

式中：n 为相对于基期的期数。

在制定资本预算的过程中，应遵循一致性原则。名义现金流量采用名义折现率加以计量，实际资金流量则使用实际折现率来计量。这是评估指标计量的基本原则。

（七）初始现金流量的预测

对初始现金流量进行预测的核心在于准确估算投资额。有许多方法可以用来预测投资额，常见的预测方法如下：

1. 逐项测算法

逐项测算法是一个估计建设项目投入的方式，它对构成项目投入内容的所有项目实行逐项计算并汇总。

2. 单位生产能力估算法

单位生产能力估算法是一种依据类似项目建设中每单位产能投入的资金及计划建设的产能来评估总投资的方法。产能是新建项目完工后一年内可以实现的产出或者执行的工作总量。通常来说，产能越高，需要的投资就越庞大，两者间存在一种定量的关联。该法则的推导原则如下：

拟建项目投资总额＝同类型项目单位生产能力投资额×拟建项目生产能力

利用上式进行测算时，我们需要注意以下四个问题。

1）对于相同类型的公司，可以从相关统计数据中获取其生产能力投资额。如果国内缺乏可供参考的数据，可以使用外国投资者的相关信息作为参照，但需要进行适当的调整。

2）如果物价上涨趋势明显，应当合理地考虑其对经济的影响。

3）作为对比的同类型工程项目的生产能力应与拟建投资项目的生产能力相近，否则可能产生较大差异。

4）需要考虑投资项目在地理位置、交通环境等方面的差异，并根据这些因素对预估出的投资额进行相应调整。

3. 装置能力指数法

装置能力指数法是对某一特定工程或设施的能力和其对应的资产容量做出估计的一种技术手段。该种计算模式主要依据的是这些封闭型的生产设备为主体而构建起来的投资项目的生产能力。像制氧生产装置、化肥生产等这类大型机械化的工厂建设项目就是典型的例子。这种由装配能力与投额的关系可以表示为：

$$C_2 = C_1 \times \left(\frac{Q_2}{Q_1}\right)^n \times f$$

式中：C_2 为拟建项目投资额；C_1 为类似项目投资额；Q_2 为拟建项目装

置能力；Q_1 为类似项目装置能力；n 为装置能力指数；f 为新旧项目之间的调整系数。

第三节 项目投资决策评价指标和评价方法

一、投资决策评价指标及分类

项目投资决策涉及对所有可能的选择方案进行可行性评估，同时要比较分析所有的可行性方案并对它们做出评价，从而选出最佳方案。在这个过程中，通常会使用一系列专门的评估标准和技巧，也就是所谓的项目投资决策评价指标及评估方法。虽然有很多种项目投资决策评价方法，但一般来说，可以分为两大种类：一种是未计入资金时间价值的非贴现现金流法，另一种则是包含了资金的时间价值的折现现金流法。

（一）投资决策评价指标

投资决策评价指标是用来评估和对比项目的可能性并据此做出方案决定。主体内容涵盖静态投资回收期、动态投资回收期、投资收益率、净现值、净现值率、利润目标及内含报酬率等因素。

（二）投资决策评价指标的分类

依据对资金时间价值的考量程度，可以把投资决策评价指标划分为两个类别。一种是包含资金时间价值的指标，即折现指标，如净现值、净现值率、获利指数、内含报酬率和动态投资回收周期等；另一种则是未涉及资金时间价值的指标，即非折现指标，如静态投资回收期及投资收益率等。

根据量化特性来划分，评价投资决策的评判指标可以分为积极指标和消极指标两类。积极指标表示其数值大小与投资项目的优劣呈正向关联。换句话说，数值越高，该项投资就越有价值，如投资收益率、

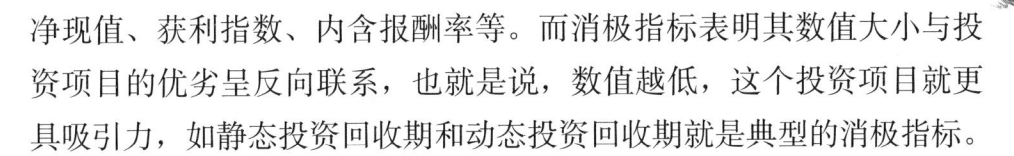

净现值、获利指数、内含报酬率等。而消极指标表明其数值大小与投资项目的优劣呈反向联系，也就是说，数值越低，这个投资项目就更具吸引力，如静态投资回收期和动态投资回收期就是典型的消极指标。

二、非贴现现金流量法

非贴现现金流量法也称为非折现现金流量法、静态评价法，这种情况下我们不考虑资金时间价值，对项目现金流量不折现，从而对固定资产投资项目的经济效益进行评价。这类指标主要包括静态投资回收期、平均投资报酬率等。

（一）静态投资回收期

1. 静态投资回收期的计算

静态投资回收期是在不计算资本时间价值的前提下，整个投入必需的期限。这个概念体现了投资项目在财务上的投资回收能力，并代表着完成全部投资花费的时间。

当静态投资回收期缩短时，资金的回收速度会加快，这样项目受未来不确定性因素的影响也会减小，从而对项目的投资方案产生更大的利益。

在评估项目投资的过程中，只有当投资项目的静态回收时间低于预定的回收期时，该投资项目才能被视为在财务上可行。如果需要选择多个优秀方案，那么静态回收期越短的方案就越有优势。

其基本计算原理如下：当累计净现金流量等于零，也就是说，累计的现金净流入与累计的原始投资相减等于零时，所需的时间即投资回收期。

其具体计算原理包括以下两种情况。

1）在第一类情形中，投资项目启动时的最初投资会立即被支付出去，并且每个阶段的营业净现金流量（NCF）是相同的。其静态投资回收期的计算公式如下：

静态投资回报周期 = 初始投入金额 / 每年净现金流量

2）在第二种情况中，每年的净现金流量并不相等，因此其静态投资回收期需要依据每年末尚未回收的投资额来确定。假如我们设定一个静态投资回收期 $P=n$，那么可以得到：

$$\sum_{t=0}^{n}I_t=\sum_{t=0}^{n}Q_t$$

式中：n 为投资涉及的年限；I_t 为第 t 年的现金流入量；Q_t 为第 t 年的现金流出量。

2. 静态投资回收期的优缺点

虽然静态投资回收期具有直观且计算简便的优势，但是它的不足之处同样明显：首先，它忽略了资本的时间价值；其次，它未对回收期后的现金流量情况做出评估。因此，在实际的企业项目投资过程中，常常有一些长期性的战略型投资前期收益较低，在未来却有较高的回报。如果使用静态投资回收期衡量项目的投资效果，可能会使决策者更倾向选择短期见效快的投资方案。

因此，静态投资回收期仅被用作辅助手段，主要是为了评价项目投资的流动性而非盈利能力。

（二）平均投资报酬率

平均投资报酬率是一种衡量项目投资寿命期内的平均年投资报酬率的方式，其通过比较每年投入的资金及其产生的总收益确定。由于对年均投资报酬率和原始投资额有不同的理解方式，这个指标可以采用多种计算方法。最常见的算法如下：

$$年均投资报酬率（ARR）=\frac{年平均现金流量}{原始投资额}\times 100\%$$

年均投资报酬率指标能够揭示项目的经济效益。通常情况下，企业会在决定是否进行项目投资前设定一个必要的报酬率，然后通过对比年均报酬率和这个设定的报酬率做出判断：如果年均报酬率超过了该设定的报酬率，那么这项投资值得考虑；在评估多种可能的选择时，那些具有更高年均报酬率的项目更具优势。

三、贴现现金流量法

贴现现金流量法也称为折扣现金流量法、动态法，它是在评估项目的财务管理中需要考虑到资金时间价值，对项目现金流量按照一定的折现率折现，从而对投资项目的效益做出评价。这种类型的衡量指标包含净现值指标、获利指数、内含报酬率和动态投资回收期等。

（一）净现值指标

净现值指标可以分为两类，即净现值（绝对数）和净现值率（相对数）。

1. 净现值（绝对数指标）

简言之，净现值（NPV）是评估项目未来的资金流入量的现值与所需投资额的现值的差额。所有的未来现金流入量及流出量都需根据一定的折现率转化为现值后，才可以被比较并得出它们差异的结果。如果结果显示净现值大于零，说明该项投入产生的收益超过了预期的回报水平，则表明这个决策值得考虑并且能给公司创造更多的利润；如果净现值为零，说明两者持平；如果净现值小于零，说明该项目投资的报酬率小于投资者期望的投资报酬率，那么这项选择会对企业的财务状况造成负面影响，这不是明智的选择。

净现值的计算公式为：

净现值 = 未来现金流入量的现值 – 所需要投资额的现值

$$NPV = \sum_{i=0}^{n} \frac{CI_t}{(1+i)^t} - \sum_{t=0}^{n} \frac{CO_t}{(1+i)^t}$$

$$= \sum_{i=0}^{n} (CI-CO)_t \times (1+i)^{-t}$$

式中：CI 为现金流入；CO 为现金流出。

净现值指标的基本原理在于，无论何种企业对项目的投资决策都期望未来收益能覆盖成本并带来回报。然而，鉴于项目投资通常涉及较长的寿命周期且现金流入量和现金流出量存在时间和金额上的差异，单纯地对比现金流入量与流出量并不合适。应该使用特定的折现因子（如折现率或贴现率）对这些现金流出量进行折现处理后再行比较，这样计算出的差值就是净现值。因为净现值指标通过预先把各时段的现金流入量和流出量先折现再来做比较，考虑到资金的时间价值，使发生在不同时期的现金流量具备了可比性。

通过对净现值的评估分析，我们得出了三种可能的结果：净现值为正数、为零或者为负数。如果净现值大于零或是与零相等，意味着项目的实际投资报酬率高于或至少是投资者预期的投资报酬率（资金成本），那么这个项目是可行的；假如净现值出现负数的情况，则表明该项目实际上无法达到投资者期望的投资报酬率（资金成本），因此这个项目是不合适的。当所有其他因素保持一致时，选择那些具有更高净现值的项目更好。

利用净现值作为评估固定资产投资项目的指标，通常的流程如下。

1）定量评估每个投资项目（计划）在一年中的现金流入量和现金流出量。

2）确定每个投资项目（计划）的折算系数（贴现率）。

3）根据上述方法设定的贴现率，将每年的现金流入量和现金流出量通过复利法进行折算得到现值。

4）对现金流入量的现值与现金流出量的现值进行比较，以确定净现值。如果净现值大于或等于零，那么项目（方案设计）是可行的；如果净现值低于零，那么该项目（方案设计）就不可行。

2. 净现值率（相对数指标）

项目净现值与所有投资净现值的比率就是净现值率，可以通过公式表达：

$$净现值率 = \frac{项目净现值}{总投资的净现值} \times 100\%$$

在采用净现值率决策时，只要项目的净现值率为正数，那么表明它能够给企业创利，也就是说，该投资在财务上是可行的。若有多个相互抵触的投资项目存在，应选择净现值率最高且最大的投资项目。

（二）获利指数

所谓的获利指数，是未来现金流入现值与现金流出现值的比率，也称为现值比率、现值指数或者折现后利润 – 生产成本比率等。

计算获利指数的公式：

$$获利指数 = \sum_{k=0}^{n}\frac{I_k}{(1+i)^k} \div \sum_{k=0}^{n}\frac{O_k}{(1+i)^k}$$

在决策过程中，一旦项目的获利指数大于1，这个项目就能为公司带来财富，也就是说，该项目在财务上是可行的；如得到的获利指数小于1，那么应当拒绝它。若有多个相互抵触的项目存在，最好选择获利指数超过1最多的那一个。

（三）内含报酬率

内含报酬率，也称作内部报酬率或者内部收益率，是一种可以使未来现金流入量的现值等于未来现金流出量现值的折现率。换句话说，它就是当投资计划的净现值为零时所得到的折现率，其公式如下：

$$\sum_{t=1}^{n}(CI-CO)_t \times (1+IRR)^{-t} = 0$$

式中：IRR 为内部收益率。

内部收益率是一个衡量投资项目实际收益率的动态指标，其数值越高表示效果越好。通常情况下，唯有当内部收益率超过了投资的基准收益率时，该项目才能被认为可行。

尽管净现值法和获利指数法都将时间价值纳入考虑，能够指出投资方案的收益是否超过某一特定的投资报酬率，但它们并未明确指出该方案可以实现的具体报酬率。内含报酬率则是基于方案的现金流量计算的，这就是方案本身所达到的投资报酬率。

计算内含报酬率可分为两种情况。

1. 每年的净现金流量相同时的核算方法

第一步：计算年金现值系数。

$$年金现值系数 = \frac{初始投资额}{每年净现金流量}$$

第二步：查年金现值系数表，在同样的期数内，找出两个与前述年金现值系数接近的折现率。

第三步：依据之前提到的两个近似的折现率及已经计算出的年金现值系数，使用内插法来估算该投资方案的内含报酬率。

2. 各年的现金净流量不同时的计算步骤

首先，根据预估的贴现率来计算项目投资的净现值。

其次，需要预测内部收益率可能存在的范围。因为内含报酬率是净现值变为零时的贴现率。因此，如果第一阶段估算出的折现率导致净现值超过了零，那么应该提升折现率并重新计算净现值；如果第一阶段估算出的折现率导致的净现值低于零，就必须下降折现率后再度计算它的净现值。通过这种方式不断测算，确保再次测算的净现值与第一步的结果相反，也就是找到能产生正向和负向净现值的两个折现率。

最后，利用插值法的理论计算内部收益率。

若存在多个选择，应计算每一个选项的内含报酬率，然后依据公司的资本成本或需要的最低投资报酬率来决定采用哪个方案。假设这个例子中的资本成本是10%，那么此选项是可以接受的。

（四）动态投资回收期

动态投资回收期是在考虑到资金时间价值后，通过项目的净收益率抵偿全部投资所需的时间。这个指标体现了项目在财务上的投资回收能力。

四、项目投资决策各种评价方法的比较

虽然静态投资回收期的计算较简单且易于理解,但其并未充分考虑到项目未来的收益情况,这可能会误导决策者选择那些短期内能带来高回报却忽略了长远利益的项目。实际上,具有战略价值的长线投资通常初期收益较少,但在未来会获得更高的回报。因此,这种方式倾向于挑选急功近利的项目。相较于静态投资回收期,投资收益率(平均投资回报率)更为直观和易于操作,可有效地评估项目的盈利率。然而,哪种非折现分析方法都有无法忽视的缺陷,即忽视了资金的时间价值。因此,在决策过程中,通常只会选择这种方式作为辅助评估手段。比如,静态投资回收期一般用来评估方案的流动性而非盈利能力。

净现值法被普遍使用且具备高度适用性,其理论基础更完备,因此成为当前最常用的投资评价工具。该方法充分考虑到资金的时间价值,并能准确地显示出各类投资项目的净收益情况。然而,关于如何设定折现率的问题仍然是一个挑战,其中一种解决方案是依据资本成本决定,另一种解决方案是基于企业所需的最小资金利润率选择。虽然净现值法得到了广泛的使用,但它的确无法明确展示每个投资项目可能会实现的实际报酬率。

净现值率法是一种比较方式,用于对投资总额相同或差距不大的互斥方案进行评估。这个指标反映了单位投资能产生的净现值的数量。在独立方案中,净现值率可以展示项目运作资金的效率,有助于同行业间的比较。

通过使用获利指数法,我们可以对各个单独投资项目的盈利能力进行直接对比。当多个方案相互排斥时,我们自然倾向选取具有较大净现值的项目。然而,若这些项目彼此独立,则需要依据其获利指数确定哪个更值得优先实施。简言之,获利指数就是指用1元的原始投资预期能换来的现值净收益。这是一个相对度量工具,用于评估投资效果;而净现值是绝对数指标,用来评价投资的效益。

考虑到资金时间价值的内含报酬率揭示了一个投资项目的实际报酬率，它的定义简单明了。然而，该方法的计算步骤较烦琐，尤其是在年度净现金流入量的项目中，通常需经历数次测算后才能得到结论。此外，"多值性"也是内含报酬率的一个特点，它并不适用于相互排斥的选择项的分析与评定，原因在于它是相对性的度量工具，仅能显示项目报酬率与其他选择项的相对水平，无法体现项目未来的全部报酬规模的大小。故而，高报酬率的项目未必会带来最大的总体收益，需要运用净现值法做出决定。同时，由于净现值法受制于资本成本的影响，而内含报酬率并未纳入企业资本成本因素，这就显得不太合理。需要注意的是，使用净现值法及内含报酬率法去处理相互竞争的项目可能会出现矛盾的情况，那么应该优先采用净现值法作为参考依据。

动态投资回收期的出现，填补了静态投资回收期在考察资金时间价值方面存在的不足，同样是一种被广泛使用的方法。

总体而言，企业在做出投资决定时，通常采用折现评估方式作为主导手段，而辅助手段使用非折现评估方式。在这个折现评估过程中，运用最广泛的是净现值法与内含报酬率法。然而，同时使用这两种方法可能会出现矛盾。对于选择性的项目来说，应该优先选用净现值法来进行评估。在评估独立的项目时，则需要借助多样的评估工具，并根据企业的具体情况做出全面判断。

第四节　风险和不确定性条件下项目投资决策

因为项目的长期投资方案通常伴随许多未知和不可预测的影响元素，所以其潜在风险无法避免地存在于各个阶段，必须被评估出来以采取适当措施应对。常见的用于衡量这些变化带来的后果的方法有期望值决策法、决策树分析法、敏感性分析法、盈亏平衡分析法等。

一、期望值决策法

期望值决策法，也称为概率决策法，是一个在不确定情况下做出投资选择的方式。这个方法通过使用概率分析法计算出投资项目的预期现金流量作为实际值的代表，从而得到投资项目决策指标的期望值。

在采用期望值决策法时，首要任务是确定投资项目的预计现金流量，也就是说，需要得到这个现金流量的预期值。具体的计算公式如下：

$$E(NCF_t) = \sum_{i=1}^{n} NCF_i \cdot p_i$$

式中：$E(NCF_t)$ 为第 t 年的期望现金流量；n 为第 t 年可能出现的 n 种情况；p_i 为第 i 种情况出现的概率；NCF_i 为 t 年第 i 种情况出现时的现金流量。

接下来，计算项目的期望现金流量来确定其期望净现值。在这个阶段，风险已经显现出来，无须考虑风险因素，所以我们选择折现率时不考虑风险因素，它是一种无风险报酬率。

最后，需要计算现金流量的标准离差及变化系数，这样才能反映出投资项目的风险水平。下面是投资项目标准离差的计算公式：

$$\delta = \sqrt{\sum_{t=1}^{n} \left[\frac{\delta_t}{(1+r_f)} \right]^2}$$

以下是年度现金流量指标离差的统计公式方法：

$$\delta_i = \sqrt{\sum_{i=1}^{n} p_i \left[NCF_i - E(NCF_i) \right]^2}$$

变化系数是衡量投资项目现金流量的离散程度，它等于标准离差与期望值的比率，其计算方法如下：

$$VD = \frac{\delta}{E}$$

通过标准离差和变化系数可以衡量投资风险,当一些前提条件保持不变时,一个项目的标准离差和变化系数越大,其带来的经营风险也就越高。

为精确评估潜在风险对于投资价值的影响,可以依据其大小适当变动折现率或者投资项目的净现金流量,然后依照可预测情况进行投资研究。风险修正方式主要有两种:一种以风险调整折现率为基础,另一种以风险调整现金流量为基准。第一种方式是对基于净现值模式中的分母做出风险项目的风险等级修改,第二种方式则是在该模式中对分子做出相应的风险级别修订。

(一)风险调整折现率法

把特定的投资项目的风险报酬纳入企业的资金成本或者期望获得的报酬率中,形成根据风险调节的折现率,然后以此作为评估投资决策的方法,这就是所谓的风险调整折现率法。这是更实用且常见的处理风险的方法。其基本理念在于对具有较高风险的项目,应该使用更高折现率来计算净现值。

以下几种方法可用于确定根据风险调整的折现率。

1. 用资本资产定价模型来调整折现率

对于特定投资项目,根据投资风险调整后的折现率可以通过下述公式测算:

$$k_j = r_f + \beta_j \times (k_m - r_f)$$

式中:k_j为项目的风险调整折现率或者项目的必要报酬率。j为无风险利率;β_j为项目j的β系数;k_m为所有项目的平均折现率和必要报酬率;r_f无风险报酬率。

2. 根据投资项目的风险级别调整折现率

这种方法是通过对影响投资项目风险的各个要素进行评分,然后根据结果设定风险级别,并依照此级别调整折现率。

企业管理层根据过往的经验来设定分数、风险级别和折现率,而具体的评估任务应由销售、生产、技术、财务等部门联合组成专家小队。列出的可能影响风险的因素及风险状况会更多、更复杂。

3. 按投资项目的类型调整折现率

一些企业为了应对频繁出现的特定风险项目，提前根据自身经验和风险程度设定了不同的折现率，以便在决策时使用。

适当地将企业的常规项目分类，并根据风险增加会导致风险调整折现率提高的原则确定各种项目的折现率，这样做相对简单。

经过按风险修正折现率后，其评判方式同没有风险的情况类似。该方法对于高风险的项目使用更高的折现率，而低风险的项目采取相对较低的折现率。这使操作简易且容易领会，所以得到了广泛使用。然而该方法将时间价值和风险价值混合，人为地假设市场风险威胁逐年增加，这是不合理的。

（二）风险调整现金流量法

因为存在风险因素，导致每年度的现金流入量和流出量都具有不可预测性，故而需要根据风险状况对每个年度的现金流量进行调整。采用此种方式，首先是通过风险评估对各个投资方案的预计现金流量进行调整，接着使用一个常用的系数（一般被称为肯定当量系数）将带有风险性的现金流量调整成没有风险的现金流量，最终再以无风险折现率为基础对这些未知的风险型投资项目做出评判。具体的计算步骤可以表示为：

$$风险调整后净现值 = \sum_{t=0}^{n} \frac{a_t \times 现金流量期望值}{(1+无风险报酬率)^t}$$

式中：a_t 为 t 年现金流量的肯定当量系数，它为 $0 \sim 1$。

肯定当量系数，是指一个不确定的 1 元现金流量期望值相当于让投资人满意的肯定的金额的系数。这种方法可以将每年的不确定现金流量换算为肯定的现金流量。

$$a_t = 肯定的现金流量 / 不确定的现金流量期望值$$

通常，我们会根据标准离差率来确定肯定当量系数，这是因为它能很好地反映风险的程度。对于肯定当量系数的选择，个人可能会有所不同，对风险感兴趣的人可能会选择较高的系数，而对风险感到厌恶的人可能会选择较低的系数。

尽管肯定当量法成功地避免了依赖投资风险调整贴现率法对未来投资风险的过度夸张，但怎样正确且科学合理地设置肯定当量系数仍然是一个极其棘手的问题。因为标准离差与肯定当量系数的对照关系并没有被广泛接受的客观标准。

（三）风险调整贴现率法与肯定当量法的比较

肯定当量法与风险调整贴现率法的根本差异在于：这两种方法在评估过程中的位置选择有差别。前者会直接减少预期的税后现金流量，然而后者并不会对预期的税后现金流量做出任何变动，反而会提升所需的收益率，以抵消过高的风险影响。无论哪一种方式都能使项目的净现值下降。

风险调整贴现率法不仅表明了调整位置的差异，还暗示随着时间推进，风险会逐渐增加。因此，未来较长一段时期内应使用更高的贴现率应对这个问题。虽然这种预测可能并非完全准确，但我们仍需要深入理解并严肃对待它。

只要适当运用，两种方法都能够有效应对风险。然而在实际的项目投资决策过程中，风险调整贴现率法是最常用的方法。这是因为肯定当量法更多地依赖决策分析者的主观感知和经验判断。

二、决策树分析法

决策树分析法也称为网络分析法，其基础在于对事件发生的概率评估上，通过绘制一棵类似于树形的图像描述各个项目的状况并完全展示决策的过程。该方法主要用于解决那些涉及长时间或者多步骤的项目选择的问题。因为未知风险型项目建设的一个显著特点就是有多个不同时间段的选择存在，并且不同的时段的抉择相互关联且互相产生影响，所以需要采用这一方法去处理这类情况。

决策树分析法的使用主要分为两个步骤，首先从左向右进行图像分析以达到决策目标，然后再从右向左逐渐进行判断和分析，最终完成项目决策。具体的步骤如下。

第一步，画出决策树图形。决策树图形能够揭示某个决策问题的分析与计量过程，主要由四个部分构成。①决策点，是对多个可能的解决方案进行比较后得出的结论，也就是最终选择的解决方案，通常用方框来表示。②方案枝，它是由一系列从左至右的直线组成，每条直线代表了一种可能的解决方案。③机会点，是指在项目直线尽头形成的某个圆圈，用以表明备选项目的经济效益。④概率枝，是指各个备选方案在各种自然情况下的可能性，它们由机会点向右延伸出一系列直线。

第二步，预计各种状态可能发生的概率 P_i。

第三步，计算期望值。

第四步，选择最佳方案。

将各个方案的期望值总和与投资总额的差距标记在机会点上，然后对所有可能的选项进行比较并权衡，最终确定哪一种方案是最优的。

三、敏感性分析法

绝大多数项目投资决策分析依赖对未来的现金流量与盈利预期的评估，这些评价是建立在一个特定的"基本状况"上的。然而，一旦这个构成"基本状况"的关键要素发生了变化，就会影响项目的投资决策结果。

敏感性分析是一种用于测定未知风险变化如何影响项目投资效益评判标准的方法，如净现值和内部收益率等。其核心任务是对关键绩效指标（如净现值与内部收益率等）对于重要因素波动性的反应强度，及其可接受的波动区间或阈值进行研究。当某个要素产生微小的变化而导致项目投资效益评判的关键指标出现显著的变动时，说明这个要素对这些关键指标非常敏感；若某个要素产生较大的变化但并未引发项目投资效益评判的关键指标有明显的变动，那么意味着这个要素对那些关键指标并不敏感。

下面是对项目投资风险敏感性分析的基本过程。

第一步,确定明确的评价标准作为敏感性分析方法的目标,如净现值（NPV）、内部收益率（IRR）等。

第二步,选择不确定性因素。许多因素可能会影响项目投资评估结果,在进行敏感性分析时,我们通常会选择那些对项目投资收益有较大影响并且自身存在较高不确定性的因素。

第三步,对选定的不确定性因素进行评价,包括优秀、中等和较差（或者是积极、正常、消极）等级别。

第四步,计算出在基本状况（正常情况）下的评估标准数值。

第五步,对某个因素进行调整,并设定其他影响因素维持在正常情况下,从而计算出相应的评估指标数据。

第六步,根据一般情况下的评估指标数值,研究其对各类因素的敏感性,从而分析项目融资的可行性。

四、盈亏平衡分析法

盈亏平衡分析是一种通过测算某项投资的盈亏平衡点研究其盈利能力和可行性的方法。这个方法通常以实现盈亏平衡时的销售量或销售收入作为表现标准。此类分析包括会计盈亏平衡点和财务盈亏平衡点。

（一）会计盈亏平衡点

当企业的会计利润为零时,就可以确定其产品销售技术水平达到会计盈亏平衡点。

假设项目投资的成本被划分为固定成本和变动资本两部分,并且变动成本总额＝销售量×单位变动成本,那么会计盈亏平衡点的计算方法如下：

$$会计盈亏平衡点销售量=\frac{固定成本总额}{单位售价-单位变动成本}=\frac{固定成本总额}{单边际贡献}$$

会计盈亏平衡点销售额=会计盈亏平衡点销售量×单位售价

$$=\frac{固定成本总额}{单位售价-单位变动成本}$$

$$=\frac{固定成本总额}{边际贡献率}$$

（二）财务盈亏平衡点

财务盈亏平衡点就是指当项目投资净现值为零时的销售水平。

在确定财务盈亏平衡点的过程中，第一步是计算达到这个平衡（净现值为零）所需的年均现金流量。第二步是推导产生这些现金流量必需的销售收入。第三步是得出这些销售收入所需的销售量。

一般来说，我们利用产品销量或者销售额进行计算，也可以利用项目投资决策指标分析中的其他影响要素推算。比如，计算敏感性分析中各影响因素的盈亏平衡点，这被称为拓展性的盈亏平衡分析。基于这些因素的盈亏平衡点和公司实际情况相结合，能为项目投资决策提供思考方向。

五、通货膨胀对投资决策分析的影响

通货膨胀作为经济活动中的一个主要现象，其出现会使项目的资金投入风险和预期的现金流量风险变大，进而提升项目投资的风险程度。因此，在进行项目投资评估时，需要把这个因素纳入考量范围。

对于项目的资金投入评估，我们可以在预测其未来的现金流量与资本成本时考虑通货膨胀的因素或者忽略这个因素。如果包含通货膨胀的影响，则称为名义量；若未纳入该影响，就称为实际量。唯有所有分项均采用名义值或是实际值表达，才能够准确地衡量它们。换言之，名义现金流量应使用名义资本成本率（名义折现率）进行折现，而实际现金流量需应用实际资本成本率（实际折现率）进行折现。

（一）通货膨胀对资本成本率的影响

在通货膨胀条件下，实际资本成本率和名义资本成本率的关系如下：

$$(1+r_n) = (1+r_r) \times (1+i)$$

式中：r_r 为实际资本成本率；r_n 为名义资本成本率；i 为预期通货膨胀率。整理后可得：

$$r_n = r_r + i + i \times r_r$$

在大多数情况下，上述公式中的 $i \times r_r$ 相对其他两个数值要小一些。因此，为了简化运算过程，也可以将这个公式转换成：

$$r_n = r_r + i$$

（二）通货膨胀对现金流量的影响

通常来说，项目投资营业收入与付现成本可以通过不变购买力估测实际值，或通过通货膨胀的名义值的影响估计。然而，每年设备的折旧是由历史成本和预定的折旧方法决定的，这意味着每个年度的折旧额事前已确定，所以它是名义上的数值。因此，当计算净现值时，必须确保所有现金流量包括折旧都以名义值表示，并且使用名义资本成本率进行折现；或者全部采用实际值表示，然后应用实际资本成本率进行折现。

在预期每年通货膨胀率保持一致的条件下，实际现金流量与名义现金流量之间存在以下关系：

$$第 t 年的实际现金流量 = \frac{第 t 年的名义现金流量}{(1+预期通货膨胀率)^t}$$

第五节 特殊情况下的项目投资决策

一、互斥方案的决策

在对多个相互排斥的方案进行比较时，通常运用投资回收期、投资报酬率、净现值、内含报酬率和获利指数等手段做出正确决策。然而，如果投入项目的总投资或者寿命周期不一致，仅依赖上述标准就可能做出错误的选择。

在备选方案的投资总额或寿命期存在差异时，决策目的是确保年度收益最大化。此时，应该使用差额投资内含报酬率法或者年均净回收额法加以选择，其中后一种方式对于项目寿命期差异的多个方案比较决策尤为有效。

（一）差额投资内含报酬率法

对于那些项目的生命周期相等但是原始投资金额有差异的情况，可以使用差额投资内含报酬率法评估和选择最佳方案。该方法是通过对比各方案间的净现金流量差距后，进一步计算其差额内含报酬率，然后据此判断哪个方案更优秀。如果差额内含报酬率超过了预先设定或者参考的折现率，那么原始投资额大的方案较好；反之，原始投资少的方案会被认为更优质。

当差额内含报酬率就是使差额现金流量的净现值为零时的折现率。

（二）年均净回收额法

年均净回收额法是一种决策方式，基于各个投资计划的年度净现值大小选择最优方案。其计算公式为：

$$年均净回收额 = NPV \div (P/A, i, n)$$

式中：NPV 为方案的净现值；i 为折现率或基准报酬率；n 为项目寿命期；$(P/A, i, n)$ 为年金现值系数。

当使用这种方法时，年均净回收额最高的方案就是最佳解决方案。

二、资本限量决策

资本限量决策，是企业的投资金额已经确定后需要做的投资决策。虽然有很多具有吸引力的投资机会，但是由于企业没有足够的资金去实现它们，必须在现有资金的限制条件下做出决策。大型企业的某个部门只能够在一个特定预算范围内进行资本投资，超出这个范围则该部门失去决策权力，这便是资本限量的实例之一。在这种情况下，我们的目标是在预设的预算范围内寻找可能带来最高净现值的项目组合，并且努力把所有的预算限额都用完。进行资本限量决策时，管理者应当考虑到多个期间。原因在于某些项目初期可能会产生大量现金净流量，这些现金净流量可能缓解初始阶段的预算控制，从而使其他的方案获得融资。实际上，若项目的拆分成为可能，我们可以按照获利指数从强到弱的次序对项目进行筛选和搭配；若不能被拆分，我们便要挑选那些最有可能创造最大的净现值的项目组合。

三、固定资产更新决策

对于那些在科技或经济发展上不适宜持续利用的旧资产，我们可以选择更换新的资产，也可以利用先进的科技进行部分改造。确定何时更换固定资产一般涉及两个问题：一是确定何时需要更换，二是选择哪种其他资产作为替代品。

与一般性的投资决策相比，设备更新的选择具有独特性。一般来说，更换设备并不会影响公司的产能，也不会带来更多的资金流入，反而会产生大量的现金流出，因此使用贴现现金流量评估的方法可能不太适用，需要寻求其他的工具进行分析和评估。当新老设备的使用年限存在差异时，主要运用平均年成本法，通过比较各方案的平均年成本，选取最低者为最优方案。假如两者的投资寿命期一致，可以利用差额分析法，首先计算各个项目之间的现金流量差额，然后应用净现值法或者内含报酬率法对此差额进行深入研究和评判。

（一）对于投资寿命不等的更新政策，采用平均年成本法

对于固定资产而言，其年平均成本代表了因之而产生的现金流出的年平均值，换言之，指每年的现金流出。若无视时间价值，它等于未来的使用年限内现金流出总额与使用年限的比值；当考虑到资金的时间价值时，则应将其视为未来设备使用的所有年份中现金流出总现

值与年金现值系数的比值。

在应用平均年成本法的过程中需注意以下三点：首先，该方法并不视为单一的更新设备策略，而是视为两种独立的选择，即维持现有设备或购买新的设备；其次，不能用已有的设备出售所得计算购买新设备所需资金；最后，根据此种方法的前提条件，未来若要更新设备，则应能以与当前平均年成本相当的价格寻得替代品。

（二）当资金寿命期保持一致时的更新决策——差异分析法

当新的与旧的设备投资生命周期相同时，通常采用差异分析法比较两种选择（卖掉旧设备购买新设备或保持对旧设备的使用）产生的现金流入与流出量之差及其净现值差额。若净现值差额为正数，则应考虑买进新设备；反之，应维持对旧设备的使用。

四、投资开发时机决策

虽然项目的净现值是正的，但这并不能保证即刻投资是最优决策。可能随着时间的推移，该项目会带来更高的收益。同样，如果现在净现值呈负数，那么它可能会在稍后的时间内转变成具有吸引力的投资选项。因此，每个项目都存在两个互相对立的选择——立刻执行或推迟执行。

第三章　项目成本管理模式

在当前的成本管理环境下，质量、成本及工期已然成为衡量项目成败的主要标准。所有项目都需要在特定预设资金范围内实施。因此，成本管理作为项目的核心环节，必须出全体项目成员全程投入。成本预测构成了项目可行性的重要一环，而成本计划则是项目策划过程中的重点议题之一。项目成本管理是实现项目圆满成功的基石，并且已被纳入PMPOEK的专业范畴。在本章中，我们将深入探讨成本的定义，以及成本管理的策略、估计方法、预算编制和控制手段等方面。

第一节　项目成本管理概述

一、项目成本的概念与成本结构分解

（一）项目成本概念

企业在进行生产或项目研发的过程中，必须投入特定的劳动力、物资及财务资源，获取这些资产需支付相应的费用，这种花费的资金以货币的形式表现，被称为成本。随着市场的深度演进，成本概念的内容与范围也持续地扩展和转变。

关于成本概念，各领域的理解有所差异。从经济学角度来看，成本被视为获得产品或服务的必要且无法规避的最昂贵费用。这表明，成本源于决策，无决策则无成本产生。而在会计学的范畴内，中国成

本协会（CCA）将其解释为"成本是在过程中增加价值并实现效果所需支付或预期的资源的代价"。美国的会计学会（AAA）给出了这样的定义："为了达成特定的目标，可能已经实际支出或尚未支出的价值损失，可以以货币形式度量。"管理会计学科把成本看作用于生产及运营活动中的输入因素的价格。虽然这些定义的形式有差别，但是它们均揭示了一个核心问题，即成本代表着一种资源消耗，同时具备价值属性，它的使用资源价值通过货币的方式体现。总而言之，成本是以满足特定需求而花费的资源的货币表达，一般情况下可采用多种货币计量单位（如元、美元、欧元或者英镑等）度量。

为实现特定的产品、服务或结果，我们需要进行一系列临时的工作。这些工作会消耗一定的资源。从成本的角度来看，我们可以把项目成本视为在创建项目的过程中所需的所有资源的货币体现。这种成本是随着项目进程产生的，并在整个项目周期的各个阶段出现。然而，不同的参与者可能会有他们自己对于项目成本的认知范围和界定方式。

在实际操作中，我们经常会碰到诸如投资、成本和费用等概念，这些概念与项目成本既有关联，也存在差异。为了更深入地理解项目成本的含义，本书将对项目投资、造价与项目成本进行比较分析。

1. 项目成本与项目投资

通常来说，项目的投资是为实现未来的盈利目标而投入一定的资金、地产、机械及科技等生产要素的一种行为。然而，这个过程中的费用与其对应的项目投资有着本质上的差异：前者更关注的是实际支付的过程，后者则是从长期角度出发考虑如何获得回报并收回本金。

无论是项目投资还是项目成本，其核心目的都在于为达成特定目标所产生的费用开支，最终都可视为一种资金流出。通常情况下，对项目拥有者或实施主体而言，这些支出被定义为项目投资；然而，从施工单位或参与项目管理和监督的相关方的角度来看，它们被称为项目成本。这两者的边界相对模糊且可能存在转换情况。当项目所有人决定售卖该项资产时，此时的支出就会转变为项目成本；反之，若他们选择继续持有并从中盈利，这笔支出就被视作项目投资。区分项目投资和项目成本的关键因素在于是否有未来收益预期。

2. 项目成本与项目造价

项目造价是项目建造价格的简称，它是指进行某个项目建设支出的全部费用。根据项目的规模和设计方案，我们可以估算出项目建设过程中需要的直接费用、间接费用、各类规费及税金等。无论是项目成本还是项目造价，它们都是项目价值的货币体现，但在概念属性和定义视角上存在差异。

项目的造价代表其价格，这是购买者（业主）为获得特定项目所需支付的货币总额。这种费用由三大部分组成：物化劳动价值、活劳动价值及员工产生的价值，可以使用公式 $C+V+M$ 来表达（其中 C 是物化劳动的价值，V 是指活劳动价值，M 是员工产生的价值）。然而，仅有两项要素构成了项目成本，分别是物化劳动价值和活劳动价值。所以，项目造价不仅包含了项目成本，也涵盖了项目带来的收益，如利润、税金等。

3. 项目成本与项目费用

费用通常是为了获取产品或者劳务而导致的资金流出。在财务学中，狭义的费用定义仅限于在获取收益过程中所产生的资源消耗，如管理费用、财务费用和营业费用。而广义的费用定义同时涵盖了成本和狭义的费用两个方面。

在会计领域中，项目的成本和费用存在差异。项目成本是为特定计算目标（如单个建筑物或部分施工任务）产生的支出，项目费用则是基于固定的时间段内发生并需根据预先设定的财务规则对指定的项目进行分配的开支。换言之，成本产生后可以立即与计算目标相连接，但费用是在确定的会计周期内的支出，其数额无法精确地与其支付的目标相对应。当处理费用问题时，必须依照既定会计准则将其均匀分布于各个项目或产品中。

（二）项目成本的影响因素

项目的收益主要反映在项目成本最小化目标上，而影响项目成本的关键因素如下。

1. 项目规模

对项目成本产生最大影响的是其规模。这决定了项目必须完成的工作任务及其所需处理工作的数量与困难程度。若扩大项目规模，则意味着需要完成更多工作，从而导致更高的项目成本；反之，如果缩减规模，那么相应的成本会减少。此外，项目要解决的问题愈加繁杂，难度增加，也会带来更高额的项目成本；而当问题变得简单时，相应的成本便会降低。

2. 项目质量

对项目质量的需求会对项目成本产生影响。如果项目质量要求较高，就需要购买更优质的资源，这将导致时间消耗增加，从而提高项目成本；相反，如果项目质量标准较低，项目成本就会相应减少。

3. 项目工期

项目成本与工程进度密切相关，并且会随着时间推移而变化。如果项目的预计工期超过了合理的时间范围，那么需要投入的资源就会增加，从而导致项目成本提高。反之，如果预计工期低于此时间段，那么劳动和资源消耗的边际成本也会相应地增大，同样会引起成本的增加。

以下公式可以用来描述项目成本与项目规模、质量和工期之间的关联性：

$$C = f(s, q, t)$$

式中：C 为项目成本；s 为项目规模；q 为项目质量；t 为项目工期。

4. 资源消耗数量及价格

在项目的规模、质量和工期限制条件被明确设定后，项目成本与资源消耗的数量及资源价格之间存在正向关系。假设一个项目需要 n 种资源，那么该项目的成本可以通过以下方式进行计算：

$$C = \sum_{i=0}^{n} D_i \cdot P_i$$

式中：D_i 为项目某种资源的需求量；P_i 为项目某种资源的价格。

随着项目的使用量增加，资源价格会上升，从而导致成本的提高。在实施项目的过程中，良好的管理和设计能力将对项目成本的自变量产生影响，进一步影响项目的总成本。

（三）项目成本分解结构

各阶段的项目会产生不同的成本，而项目的所有者及施工队伍为了管理的需要，也需重点考虑各类别下的项目成本。因此，根据这些需求和项目成本自身的特性来对项目成本做进一步细分是必要的。这是通过使用工作分解结构（WBS）实现的。同样,我们也用 CBS（Cost Break-down Structure）表示基于各种分类标准的项目成本细化过程。常见的项目成本拆解模式如下。

1. 根据项目构成

根据 WBS 拆分原理，一项工程能够被细分为多个次级工程；同样，每一个次级工程可以进一步归划成多项具体的工作内容或步骤。而每一步骤都有可能产生成本。因此，依照项目的构成来分解成本即把全部的成本分解至各部门中，如二级单位、特定工作的环节或具体的操作模块等。

2. 根据项目成本因素

根据成本因素对项目的总成本进行拆解，可以将其划分为直接费和间接费。直接费可以被细化为直接工程费和措施费；而间接费可被拆解为管理费、各类规费等。在这些直接费中，直接工程费又能被拆分为直接人力费、原材料费和机械设备费等。

3. 按照项目进度

按照项目进度方案的规定，将项目成本费用分摊到年、季、月或者周期内，以便管理人员能够了解生产成本的使用情况，为筹资做好准备，并尽量减少流动资金耗费和利息支出。

二、项目成本管理概念

（一）项目成本管理的定义

项目管理是一个涵盖了从开始到结束的所有阶段的项目管理的流程。其中包括制订时间表以满足预期的需求并保持其准确度；监控所有发生的支出情况以便调整或纠正偏差的情况等内容。这些都属于这个范围内的管理工作的一部分。这样做的目的是能够有效地监管整场活动的进展状况并且能迅速识别及处理可能出现的问题。根据PMBOK（2012年版本）的定义："项目成本管理旨在使每个环节都在已获批准的资金范围内顺利运行，对各项成本做详细规划与估算、预算、融资、筹资、管理和控制的各个过程。"根据以上的解释可知，项目成本管理的核心包括以下三个部分。

①项目成本管理对象是成本和资金。②项目成本管理是一个对成本进行规划、实施和监控的过程。③项目成本管理的目标在于保证项目成本在预算之内。

（二）项目成本管理理念

随着全球竞争的日益激烈，项目数量呈快速上升趋势，项目化管理理念得到了广泛的推广和实践，这有助于减轻项目成本压力，并使项目成本管理的理论和实践取得了深入的发展。当前，项目成本管理理念主要体现在以下几个领域。

1. 全过程项目成本管理

全过程项目成本管理始于20世纪80年代，是由中国项目的财务管理领域的专家提出的。这一理念认为，项目成本产生于项目活动，因此对其的管理应该覆盖整个项目周期的各环节；而管理的重点是在利用经济和技术的工具上，通过设计作为核心，全面地控制项目过程中所有活动的实施。

2. 全生命周期项目成本管理

全生命周期项目成本管理是在项目规划、建设、运行直至其有效寿命结束的所有过程中的总支出。此种类型的成本涵盖了研发、制造及维护三大部分的项目全生命周期的成本。其中，研发和制造所产生的费用对于后期使用的保障费用有显著的影响。为了寻找能实现项目整体效益最大化的策略，需要精确地计算出各个时期的成本组成元素并加以分析，这已然成为一种投资决定和项目成本管控的技术手段和思维方式。

3. 全因素成本管理

许多因素会影响项目的成本，这不仅仅限于质量与工期上，还涉及人力投入、物资使用及设备消耗等方面的影响。此外，组织的结构方式与财务状态同样决定了如何有效管控成本的关键。因此，必须全面分析这些可能导致成本增加的因素并对其加以有效监管，从而达成降低预算并且满足预设的目标。

4. 全面成本管理

全面成本管理的核心目标是运用专业知识及专精技术规划并监控项目的资源消耗、成本负担、利润收益及潜在的风险。全面成本管理的范畴涵盖了从项目启动到结束的所有阶段，产品整个生命周期的所有环节，以及各种可能影响成本变动的因素和对各类成本的影响力进行全面分析等多个方面。如今，这种观念已然被视为全球项目成本管控领域最先进且高效的方法之一。

（三）项目成本管理原则

为了有效地管理项目成本，必须确定并遵循以下原则。

1. 目标原则

通过构建科学的预算和控制系统，将预算转变为可管理的目标，这包括成本的设定与分配、责任的确认与执行、执行的结果和修正目标等方面。

2. 集成原则

项目成本、进度和质量及对应的技术都是紧密相连且无法割裂的。因此，项目的成本控制必须与工艺管理和进度管理并行，而无法孤立出现。所以，需要在这些关系中加以综合平衡和优化。

3. 全面成本管理原则

全面成本管理涵盖了全体人员的积极投入与全程的监管。成本问题覆盖了从设计、技术、购买、生产至基础管理的各环节。为了达到真正的经济效益最大化目标，要求公司领导者、专业技术人员、工程实施团队及所有工作人员都积极参与，明确各自的责任并形成协同配合，以确保实际操作中能有效执行成本管理策略。每个项目的成本都是由其进程产生的，因此有必要进一步细分和优化每个阶段的活动成本，以便实行全程监控。

4. 动态调整原则

管理的进程是连续性的，必须遵从动态调整原则。这意味着在实施过程中要实时获取成本产生的真实数据，并将其与预设的目标数值比较，以评估成本发展的方向。一旦发现差异，应深入研究产生的原因，然后制订相应的策略来修正项目的工作流程，以此实现持续优化，而这个过程就是一种规划、实行、审查和解决的反复循环，可以推动管理工作逐步走向成熟。

三、项目成本管理体系

（一）项目成本管理的组织体系

为确保项目成本管理的策略、方案及执行过程得以有效贯彻落实，必须建立相应的组织体系来支持其运作。这一组织体系包括两部分：第一部分是组织的领导阶层，他们主导着整体的项目成本管理决策，设定项目的合同价格和预算，并设立项目管理团队的目标成本；第二部分则是项目的实施层，他们的职责在于承担项目成本开支，实行成本管控，以达到项目管理协议中设定的成本目标。实施层的成本管理工作通常涵盖了成本计划、成本计算、成本评估、成本评定及成本调节手段。由此可知，项目成本管理并非等于公司或单位内部的管理方式。项目成本管理的直接执行者是项目组，而项目组组长负起全部的责任，其余小组成员也积极参加。此外，项目成本管理涉及企业的其他成本管理部门，如财务会计和技术经济部门，这取决于项目的组织形式。虽然两者都属于成本管理范畴，但它们的管理对象、任务和责任不同。

项目实施层的成本管理针对特定项目，主要是关于该项目的预算编制、预期估测、结算和控管。企业的成本管理范围更广泛，除了项目组，还包含各职能部门，并且需要处理多个项目的成本问题。项目的成本管理工作旨在确保在完善的项目成本管控体系中，能够按照既定的进程、质量标准及节约的原则来实现项目的实施。同时，企业成本管理的目标在于依据企业的整体状况与能力，有效地分配各种资源，并按需达成项目目标，从而使企业的运营成本保持在预期范围内。

（二）项目成本管理的过程体系

实际上，工程项目成本费用管理的流程就是随着项目资金流转的一个个步骤，具体步骤如下。

1. 规划成本管理

规划成本管理是为了规划、管理和控制项目成本而制定政策、流程，以及文档的过程。

2. 成本估算

对于实现项目管理活动所需的资金投入，进行近似估计和测算的过程。

3. 成本预估

将所有单项活动或工作任务的预估成本汇总，构建一个已获得批准的成本基准流程。

4. 成本核算

构建一个核算系统，对项目实施过程中的各种消耗进行记录和分类，并运用合适的成本计算方式确定各个成本核算对象实际产生的总成本，以及单位成本。这是一个真实反映项目执行过程中所发生成本的步骤。

5. 成本控制

成本控制的主要目的是监控项目的状况，以便对项目成本和管理成本的标准做出调整。在实施项目的过程中，可能会出现项目实际成本超过预算的情况，因此企业需要对比实际成本和计划成本，找出造成这种差距的原因，并且制订相应的策略确保所有实施过程中的成本都在预算范围内。这样一来，企业就能利用成本管控手段达到降低成本的目的。

6. 成本决算

项目实施完毕后，确定从策划阶段到项目结束并交付使用的所有费用。

根据最新版的《项目管理知识体系指南》，项目的管理工作被分为五个阶段：启动—计划—实施—监控—收尾。与此相应，项目成本管理被归纳为规划成本管理、成本估算、制订预算和成本控制四部分。

第二节 项目成本估算

一、项目成本估算概述

（一）项目成本估算的定义

项目成本估算是在估计完成项目所需的资金和财务支出上进行粗略计算的过程，其核心目的在于明确实现项目需要投入的具体资金数额。此种方法通常被用于项目启动前期的投资决策阶段，作为融资参考。从施工方的角度看，它构成了竞标价格的标准，而在实际操作的过程中，预估的成本成为编制进度表的关键因素，同时为控制项目成本提供了基础。因此，项目成本估算是项目成本管理的基石。通常，项目成本的估算会使用特定的货币单位（如美元或者元）进行计算，但也可能选择其他的度量标准，比如工作时间或者员工天数等,这样做是为了减少通胀对结果的影响,从而更便于进行成本比较。

因为在对项目成本估算过程中具备的条件与掌握的信息有所差异,所以,其准确程度也有所区别。项目成本估算的精度不仅受到其管理的复杂性和需求的影响,也受制于可获取的信息数量及确定性的影响。如果拥有更丰富的数据和更多的确定因素,并且有较高的管理标准,那么估算结果会更加精准,但是相应的成本将增加。有些企业采用《估算手册》的方式以规范化估算流程。他们把估算分成量级估算、预算估算和最终估算三个阶段。

(二)项目成本估算数据流向

在项目成本估算过程中,关键的信息来自成本管理计划、任务分解结构所确定的项目规模标准、制订进度表的进度计划、人力资本的管理方案、风险评估的结果及公司或组织的业务环境要素与组织过程资产。这些信息将会被用于调整,并进一步更新项目文档,同时会影响活动的费用预测,进而协助分析潜在的风险和安排购买管理工作。此外,它们会成为编制预算的基础资料。

二、项目成本估算过程

在一定的时刻,成本估算是依据已有资料进行的。为了优化项目成本管理,我们需要提出各种可能的方案,并对这些方案的成本和风险做出评估。

这一流程的主要任务是从相关领域的其他过程输出的结果中获取数据,其中包括成本管理计划、人力资源管理计划、范围标准、项目进度表、风险清单、业务环境要素、企业内部资料。在此阶段,我们利用专家评估、对比估计法、参数预测法、由低至高预测法、三维估计法、预备资金分析、质量成本计算、项目管理应用程序、供应商竞标研究及团队决策技巧等方法与技能对成本进行估算,得到活动成本估算、估算依据,以及项目文档更新等相关成果。

（一）项目成本估算输入

项目成本估算需要参考与成本相关的信息，如人力资源计划和项目范围等，这些信息具体包括以下几点。

1. 成本管理计划

项目的成本管理和成本控制，都由成本管理计划明确规定。此外，该计划提供了一些具体的程序、政策及制度，而对于估算活动成本，其方法和准确性也是项目估算的重要依据。

2. 人力资源管理计划

在进行项目成本估算时，必须考虑的因素包括人力资源管理计划中的员工配置、人工成本、薪酬标准及相关激励策略。

3. 范围基准

范围基准作为范围管理的核心输出，是一份关于项目主要产品和服务的详细描述文档。它不仅限定了需要完成任务的总量，也明确了这些任务的质量要求。一旦所有被纳入范围基准的事项完结，就意味着该阶段或整个项目的结束。范围基准涵盖以下几个方面。

（1）产品描述文件。它提供了对项目产品的详细描述、验收标准、主要交付成果、评估准则、关键输出物、任务边界、假设条件和制约因素。其中，产品描述明确了该项目的特定属性，如尺寸、性能、质量等。验收标准则是关于如何评定各组成部分是否符合技术规范或特定的规则，涵盖的设计标准、完工检查方式等信息。主要交付成果是为了实现目标进行的具体可量化且可见的行为，可能是一个详尽的项目物品清单。此外，项目假定条件通常被视为成本估算的基本前提之一，比如在计算费用的时候，是仅考虑直接成本，或把所有相关成本都纳入考量？因为一些间接成本不能精确地分配给每个单独的项目，所以就需要确定合适的记账流程和合理的分摊比例来处理这些问题。影响成本估算的主要限制因素能决定项目的结束时间、可用资源状况及企业策略等。

（2）工作拆解架构。该架构涵盖了所有项目任务，以及所有可交付成果的相互联系。项目任务是估算成本的关键因素，不同的项目任务会导致成本的差异。

3) WBS 词典。这是一个标准的 WBS 数据格式，它提供了可交付结果的详细信息，并阐述了为实现可交付结果，WBS 各部分需要完成的任务。每项任务都会对应相应的资源和工作量，这些都是估算成果的基础。

范围基准可能还包含了一些与合同和法律相关的数据，如卫生、安全、安保、环境、保险、专利、营业执照和许可证等。上述各种因素都会对成本产生影响。因此，当进行成本估算时，也需要根据上述信息估算。

4. 项目进度计划

各种类型、数量和使用期限的项目所需资源都可能显著地影响项目成本。在进度计划中，我们必须确定所需的资源及其使用的时间作为重要的输入因素。在资源估算环节，已估算了执行任务时所需的人力、物料和设备等资源量。而在成本估算的过程中，其依据的是资源估算的结果，即项目耗费或占据资源可以被视为对货币资金的占用和支出。此外，由于资金存在时间价值，项目的持续时间和各个活动也可能会对其成本估算造成一定的影响，从而使活动周期估算间接影响成本估算。部分资源的价格受时节变化的影响，这也将导致项目活动的起始日期和终止日期对成本估算产生作用。

5. 风险登记册

一般来说，风险可能带来危害，也可能带来机遇，它们往往会影响活动的开展和项目的整体成本。一旦出现不利的状况，项目面临的风险就会上升，甚至可能导致进程滞缓。采取针对每个风险的策略会耗费一定的资源，所以，在估算成本的时候，必须把风险处理所需的成本纳入考量。风险管理登记册罗列了各种类型的风险及其对应的解决方案，依据此信息，我们可以估算出风险应对措施的费用。

6. 事业环境因素

项目所需的资源必须在市场上获取,因此市场环境会对成本估算产生影响。市场环境主要涉及从市场中可以获取何种商品、服务和成果,以及可以从哪里获得、需要什么条件。地域或全球的需求与供应情况也会对资源成本造成影响。

除市场外,发布于商业信息的资料库也属于事业环境要素。在估算成本的过程中,我们可以通过商业数据库获得有关资源成本费率和相关资讯。这种动态信息包含各类人才、物料及设备的一般价格,它们构成了我们估算成本的主要参考。

7. 组织过程资料

对成本估算产生关键影响的组织过程资料包括以下几个方面。

(1)成本估算政策。这是一种关于如何做成本估算的规定和指南,如成本估算手册,它能指导我们完成成本估算。

(2)成本估算模版。某些特定领域或公司可能已经创建了他们自己的成本估算模版,以协助我们在进行成本估算过程中使用一定的技术、算法等,如有些估算模版包含各种标准的任务或活动的资源消耗量,并且提供了常见的计算公式、数据、计算准则、材料特性及其规格转换等。

(3)成本估算的历史资料。在新项目的成本估算中,我们可以运用过去的相似项目的数据辅助我们的决策。

(4)经验与教训。在进行成本估算的过程中,我们会积累一定的经验,以便在未来更好地进行估算;同时,我们可能会吸取教训,以此防止将来出现类似的问题,从而提高估算的精确度。

(二)成本估算的工具与技术

实际上,成本估算是一种预测行为,其基本的预测理念和理论可以应用于此领域。然而鉴于项目的独特性,其成本估算方式可能会有所差异,并使用了一些特殊的估算技巧。常规的估算方法包括利用专家判断、类比估算、参数估算、自下而上估算、三点估算等。这些技术根据是否有数学模型进一步划分为定性和定量两种类型,有时两者一起运用。

1. 专家判断

通过邀请专家利用其专业知识和实践经验来估算项目成本，这就是专家判断法。相关专家能够根据过往的项目经验及数据，给出关于项目环境及其相似案例的有益建议，同时能就各种估算方法做出评价与决断，以解决不同方法间的冲突问题。

专门进行成本估算的专家通常是那些经过专业训练或接受过专业培训的团体和个人。他们的来源可以分为实施组织内部的其他机构、咨询公司、专业技术协会、工业集团等。

采用专家判断时，通常会运用到三种方式：专家个人判断法、专家会议法及德尔菲法。其中，专家个人判断法依赖专家自身的学识与经验确定成本估算数额；专家会议法则是召集相关专家举行研讨会，共同探讨关于成本估算的相关议题；德尔菲法是专家会议法的一个延伸，其过程是以保密的形式通过多轮信件往返收集专家的观点，并让这些专家彼此间保持隐蔽状态。为了实现这一目标，企业必须组建一支专门负责制订预测主题、挑选参与者，以及汇总、解析、总结和处置估算结果的团队。

2. 类比估算

类比估算法也被称为从上到下估算的方法，它以过去的相似项目的参数或规模度量（如大小、质量、空间及复杂程度等）作为基准，来估算当前项目的相关参数或指数。这种方法的关键步骤如下：第一步，由高级别的项目经理搜集过往相近案例的历史数据，根据自身的理解与推断，估算当下的总体成本及其各个部分的成本；第二步，把这些估算的结果传达至下一个层次的管理者，要求他们在构成整个项目和子项目的工作任务和细项中估算成本，并将这个过程不断往下推进直至最底层的人员。

最基本且常用的成本估算方法就是类比估算法，它主要利用过往经验及专家意见做出决策。这一方法通常基于对过去项目的比较以获得估算的结果，为确保其准确性和有效性，被用来对比的项目应具备相似的形式并保持内在的一致性。

该方法简便且花费少，特别是在获取项目数据困难的情况下，这是一种估算项目总成本的有效手段。然而，其也具有一定的局限性，高层管理人员基于过往相似项目的经验估算当前的项目总成本，但因为每个项目的唯一性和特殊性，现实中的确无法找到与现有项目完全一致的情况，所以，这个估算的精度相对较低。这种方法通常被用于项目的初始阶段。在此阶段，项目的详细信息不足或者无须进行更精确的估算。同时，可以对整个项目或者项目中的某一部分进行类比性的估算。

3. 参数估算

利用历史信息和相关因素（如建筑工程中每平方英尺的价格、代码行的数量、人工工作时间需求等）建立的统计关联是估算项目活动成本的方法，即参数估算法。该技术的精确程度依赖其依据的数据模型的完善性和基础信息的可信度。

4. 自下而上估算

自下而上估算要求所有参加项目工作的机构及基础部门依据其负责的项目职责估算可能产生的成本，接着把这些估算值整合计算出总数，再加上各类额外开支、常规与管理费等其他相关费用，从而获得整个项目的估算费用。这种方法的主要优势在于下级直接参与项目的实施，从而更明确地了解项目需求的类型和量度，因此他们的成本估算相对准确。由于这个过程中的成本估算是由他们自己做出的，这有助于防止后续的成本计划中出现矛盾或其他状况。它的不足之处在于下属部门可能会过于乐观地看待每个具体的工作环节，常常使最终的成本估算难以被接受。

5. 三点估算

在估算项目成本时，由于存在不确定性和风险，为了提高活动成本估算的精准度，需要考虑以下三种可能的情况。

最可能成本（CM）：通过对比项目的各项费用并做出合理的估算，

得出的活动成本。

最乐观成本（CO）：当完成任务的环境最为优越且完美时所需的活动成本。

最悲观成本（CP）：根据最不利的项目运行状况来推测的活动成本。

该方法的第一个步骤是估算最可能成本、最乐观成本及最悲观成本，再确定整个活动的期望成本。依据三点估算值在其区间内的设想分布模式，如果设定三点估算值区间形成三角形，那么期望成本是 CE。计算公式如下：

$$CE=(CO+CM+CP)/3$$

假设三点估算值区间是贝塔形状，期望成本将是：

$$CE=(CO+4CM+CP)/6$$

根据三点假设的分布，能够估算出期望成本，并且能说明期望成本的不确定区间。另外，有储备分析、质量成本管理、项目管理软件开发、买方投标评估和群体决策技术等手段可供在各类型的项目估算中选择使用。

（三）估算成本的输出

1. 活动成本估算

活动成本估算是对完成项目工作可能需要成本的量化计算。这种估算要涵盖所有用于该项活动的资源，如直接的人工劳动力、直接的物料消耗、机械使用、服务提供、场地租赁和基础设施建设等，同时需要考虑特殊类型的成本，如贷款产生的利息支出、价格上涨补偿金、货币兑换或紧急资金准备等。若把间接成本纳入项目估算内，那么这些间接成本可以在活动层次或是更高的层次上列出。

2. 估算依据

对于成本估算所需的信息数量和类型，其应用领域的差异会影响其准确性。无论估算精度如何，支持性文件都必须明确且完整地阐述成本估算是如何得出的。主要的成本估算依据如下。

①关于成本估算所依据的资料；②关于全部假设条件；③关于各

种制约因素的文件；④对估算区间的说明；⑤对最终估算的置信水平的说明。

3.项目文件更新

在进行估算前创建的项目文件可能会因为在估算过程中产生变动而需要进行迭代更新。

第三节 项目成本预算

一、项目成本预算概述

（一）项目成本预算的定义

项目成本预算是定义项目成本控制标准的一类任务，被称为制订成本计划。它把经过确认的项目总体成本分派至各个具体的作业或活动上，并以此确立、度量项目实施过程中的成本基准。因此，项目成本预算是关于依据项目成本估算对各项具体工作及活动设定和明确预算、成本定额，并且决定整体项目总预算的管理任务。

虽然项目成本估算及预算存在差异性和关联度，前者主要关注的是对整体成本及其偏离度的评估，后者的目的则是把整个成本分摊至各个活动环节或特定责任方，又或者是特定的时期段落内。然而，其输出成果，即成本估算则作为基础且关键的数据来源用于确定各活动的实际消耗金额，并以此完成资金的使用安排。此外，该项成本预算也代表了对于前期成本估算的一种正式认可过程。虽说两者的目的有所差别并且各自承担不同的职责和使命，但它们都是基于WBS框架运作实施的，使用的方法论也具有一致性，因此它们无疑构成了我们日常工作中必不可少的核心元素之一。

（二）项目成本预算数据流向

对于项目成本预算来说，其关键的信息源自财务管理的策略方案与任务拆解框架所确定的项目边界标准,同时在编制进度表的过程中对所需的时间进行预测分析,还包括人力资本的管理战略及相应的员工配置信息等内容,同时包含着潜在的风险评估结果及其对应的事业背景要素(如市场情况)和组织过程资产。估算成本输出的数据会流向项目文件,并将其更新,输出的活动成本估算数据会流向估算活动资源、识别风险和规划采购管理,输出的估算依据会流向制订预算,作为制订预算的依据。

二、项目成本预算过程

项目成本预算的核心职责是设定成本基准,并以此为依据来监督和管理项目表现。因此,这个过程的主要结果就是建立一个成本基准和项目资金需求,同时对项目文件进行更新。

这个过程的主要输入包括成本管理计划、范围基准、活动成本估算、估算依据、项目进度计划、资源日历、风险登记册、协议和组织过程资产。

该过程采用的方法技术和工具包括成本汇总、储备分析、专家判断、历史关系分析、资金限制平衡。

(一)成本预算的输入

实行成本预算是为了生成成本基准并满足项目的财务需求。为了达到这个目的,需要依赖活动成本估算、范围基准和项目进度计划的输入。在这些输入中,范围基准决定了需投入成本的项目构成部分的活动,而活动成本估算是对应该项投资的预计支出。项目进度计划包含了所有需分配项目成本的项目构成部分的活动起始及终止日期,它的目的是把项目活动成本分摊到产生成本的具体时段内。

1.成本管理计划

成本管理计划明确了如何控制和管理项目成本。作为项目成本预算的关键部分,在进行成本预算时,需要遵循成本管理计划的统一指引,这个计划会规定谁将在什么时间进行成本预算。

2. 范围基准

作为范围管理的核心输出之一，范围基准包含了项目的所有交付物及其各个组件之间的关系，这构成了制订成本预算的制约因素。同时，它也是定义项目整体交付成果、各部件间关系的工具，即用于确定如何分摊成本的基础信息来源。此外，WBS词典在其中明确地阐述了各种标准化活动的具体操作步骤，包括需要完成的项目交付成果，并对这些交付成果所需进行的活动详尽解释。因此，WBS词典内的各项交付成果和相关工作都是决定成本分配的关键参考资料。

3. 活动成本估算

制订预算的基础和前提是活动成本估算。若没有科学合理的活动成本估算，预算分配就会失去目标。只有当项目成本得到科学合理的估算，预算成本设定的目标才能具备可信度和实现的可能性。

4. 估算依据

估算依据是在估算项目成本时所参考的相关文件。这些依据包含了基本的假设条件，如项目预算中是否应该包含间接成本或其他成本，估算依据为项目成本分配提供了假设条件。

5. 项目进度计划

作为关于所有任务启动及完成时间的文档，项目进度计划包含了项目的各个阶段、关键节点、任务单元和监控账户的预定开启和预期关闭的时间点。为了在项目成本预算过程中使用这些数据，必须根据它们整合计划成本和实际成本的金额至对应的天数段内。

6. 资源日历

项目所需资源的类型、数量及使用期限已由资源日历明确规定。在制订成本预算时，必须根据这些信息确定项目每个阶段需要的资源和相应的资源成本。

7. 风险登记册

项目活动中存在风险，为了防止各种风险的产生，必须制订相应的对策，而这些对策都会带来风险成本。当进行项目成本预算时，也需要考虑到风险成本。因此，项目负责人需要检查风险登记册，以确保最后得出的风险处理成本是合适的。

8. 协议

在项目执行期间，需要从外部获取资源，购买产品、服务和成果，这些都会导致项目成本的增加。因此，在制订预算时，必须考虑到即将或已经采购的产品、服务或者成果的成本，以及相关的合同信息。

9. 组织过程资产

当编制项目的成本预算时，一些组织过程资产，如现有正式和非正式的，与项目成本预算相关的政策、程序和指南，以及已经存在的项目成本预算工具和成本报告模板与报告方法等，都被当作编制项目成本预算的依据。

（二）项目成本预算的工具与技术

项目成本预算可以借助项目估算的方法、工具和技术，但由于项目成本预算与成本估算的目的和任务有所不同，在使用这些方法时会有一定的差异。这些方法、工具和技术主要包括以下内容。

1. 成本汇总

成本汇总是把在活动中的成本估算整合到 WBS 工作单元里，然后根据需求将这些工作单元的成本集中到更高级别的 WBS 系统，如控制账户，最终得出项目全部的总成本。

2. 储备分析

经过预算储备分析，我们能够确定项目需要的应急和管理储备。

3. 专家判断

具备预算领域的专长和能力的人士可被视为专家，他们可能来自组织的其他部门，也可能是独立于该机构的专业人士，如咨询公司的成本分析师、利益关联者、专业技术团体或项目管理的精英团队等。企业可以通过多种途径邀请专家，通过专家的实际操作经验为预算编制提供建议。

4. 历史关系分析

众多历史项目为我们提供了一系列数据，借助对这些数据的研究和总结，可以提炼相关因素之间的联系。运用这种方式，能够进行参数估算或对比估算。实施这个过程的第一步是根据项目的特性构建变量间的关系模式，接着使用过去的项目信息确定模型中的参数变量，最终把预设的自变量的数据输入模型，从而得到预算变量结果。以建筑业为例，房屋建设的成本与每平方米的建筑造价密切相关，而每平方米的建筑造价是一个由过往项目数据计算的预算数字。

在运用历史关系分析技术时，若获得的模型数据信息较为精确且参数易于量化，则表明此方法极其适用。在实际应用过程中，最好将大型项目拆解，构建拆解后的子项目数学模型，并对各个子项目进行预算。

5. 资金限制平衡

项目的预计支出往往会受制于拥有的资金，所以，项目资金限额构成了项目预算的一项重要约束因素。相关企业一旦发觉预算支出和资金限额之间存在差距，就必须对工作流程进行重新规划，以达到资金支出平衡。

（三）项目成本预算的输出

1. 成本基准

项目预算的主要目的是设立一个成本基准。这个基准需要得到认可，并且按照时间段加以划分。它不包含管理储备，只能通过正式的变更程序做出调整，作为与实际结果对比的参考依据。

作为项目成本预算的一部分，成本基准通常被设定为某个特定的管控账户或其相关主管人员。这种管控账户可以由多个工作包构成，每个工作包则包含了许多活动。当进行项目预算时，首先要对各个工作包中的各项活动的成本估算进行整合，接着加入这些活动中可能需要的紧急应对措施，从而得到各工作包的总成本估算。接下来，要考虑这项工作的紧急应对措施，计算出该项目中特定管控账户应有的预算金额，即成本基准。最后，再把一定的管理准备金加进成本基准中，就得到了整个项目的预算，包括预算项目、成本基准、控制账户、工作包的成本估算及活动成本估算之间的相互联系。

项目成本基准可以通过多种方式呈现，如表格式、直方图式和累积曲线图式等。

（1）表格式

一般以活动和工作包作为自变量，以项目成本作为因变量来构建表格。按照管理需求，这些表有多种形式。依照项目估算结果，将费用分配到具体的活动或者工作包中。

（2）直方图式

将时间段视为自变量，在此时间段内产生的成本则被看作因变量，可以构建在各个时间段投入项目或工作包中的成本直方图。

（3）累积曲线图式

累积曲线将时间作为横轴，将在特定时间点投入的成本量作为纵轴。这个图展示了累计投入成本量随时间总量的变动趋势。

2. 项目资金需求计划

在项目的进展中，会产生一些成本并导致组织需支付相应的款项。因此，必须对各个时期所需的项目资金做出估算，而整个预算的需求及每个时段的具体金额是由成本基准设定决定的。这个基准设定的部分包含了预计支出，也就是现金流出，也包括预计的债务。一般来说，对于该项目而言，其投资额是以增量且持续的形式注入其中的，而且它在各期有不一样的投入情况：某些期间可能会有较大的需求，而在其他时候相对较少些并不太均匀分布。如果存在管理储备的话，那么整体上的资金需求应该等同于成本基准再加上这笔管理储备。在关于资金需求文档里，可以明确指出各类资金的来源。

3. 项目文件更新

在制订项目预算的过程中，可能会对之前的数据，如风险、活动成本和项目进度计划做出一些调整。因此，在这个流程中可能需要更新项目文件，包括风险登记表、活动成本估算和项目进度计划等。

第四节 项目成本控制

一、项目成本控制概述

（一）项目成本控制的定义

在管理领域内，"控制"是根据预设的标准对已获得的结果进行评估，修正出现的失误，以此确保计划的目标能够达成的一种管理行为。从制订计划开始，接着安排团队成员与资源分配，实施并且有效地指导。当计划启动后，就需要实行控制，以检测计划的实际运行状况，发现可能存在的偏离计划的问题，明确需要采取的改正措施，并付诸实践。

项目成本控制的管理流程如下：首先，必须有明确的目标，在此基础上开展管控活动。一旦启动了项目，就需根据计划需求分配人力、物资、工具及技术手段等必要资源。其次，在项目的实施中记录其真实表现及其成果。然而，因内外部环境的变化影响，可能导致实际产生的成本超过预期，因此为确保实现计划目标，则需要搜集项目真实的财务数据及其他相关资讯，对这些资料进行归类整理，形成项目现状分析报告。通过对比该报告与计划目标，可以判断是否出现误差。若一切按计划进行，则继续推进；若有所差异，则应立即采取修正行动。这种调整可以分成两步走：一是采用校正策略恢复项目至正常运作模式；二是重新修订计划，让项目能在一个新阶段上展开。

总之，项目成本控制是项目成本管理的核心环节。更确切地说，它指的是运用特定的手段监管和调控整个项目周期内所需的所有成本的管理流程，而这个过程涉及的主要是获取项目的相关成本数据，监控成本执行，找出与计划的偏差；深入研究这些偏差并采取相应的措施加以纠正，直至满足设定的目标成本要求；保证所有的成本变动都被精确地反映到成本预算计划中；避免任何未经授权、不适合或未核准的变更进入该预算计划；把已经批准的变更通知项目利益相关方。

（二）项目成本控制数据流向

根据项目管理计划和成本预算等信息数据，通过使用一些工具技术和方法进行项目成本的控制。

（三）项目成本控制过程

在项目成本控制的业务流程中，输入的元素包含项目管理计划、资金需求、工作绩效数据及组织过程资产。主要的技术手段包括挣值法、预测技术、绩效指数、项目管理软件、对绩效进行评估、储备分析。项目成本控制中的一个关键手段就是挣值法。

在成本控制过程中，会输出以下的数据：工作表现信息、预估成本、变更请求、项目管理计划的修订、项目文档的刷新、组织过程资产的刷新等。

二、项目成本控制输入

项目成本控制的宗旨是通过一系列策略将所有成本控制在预定的成本计划和基准范围内，以实现项目成本最小化。项目成本控制输入主要包括项目管理计划、资金需求、工作绩效数据，以及组织过程资产。

（一）项目管理计划

作为一份对项目进行规划及监控的关键文档，项目管理计划旨在有效组织并协调各个环节的项目操作流程。该计划包含有关成本基准及其对应的管理策略的相关信息——二者构成了管控成本的核心输入。基准成本这一概念被用作衡量或监测项目建设中的实施成本的标准工具，而对在此期间产生的实际成本的真实数据，可根据此基准比较其是否符合预期目标，从而决定是否有必要调整这个数目或者采纳其他补救行动。此外，成本管理计划对整个成本控制过程进行了系统化的部署，如设定成本临界值、制订评估效益的方法等。一旦测量出的结果超出所规定的范畴，就需要采用相应的手段予以修正。

（二）项目资金需求

项目资金需求涵盖了总体资金需求和各阶段（如月度、季度和年度）的资金需求，这是对项目在不同时间段的现金流量进行预测的依据，这些资金需求为项目的成本控制提供了依据。

（三）工作绩效数据

项目的运行状况通过工作绩效数据得以体现，这为成本实施提供了资料。通常涵盖的项目状态如范围、时间、成本及质量等各方面的实现程度。其中包含了与成本相关的信息，可以通过各种方式呈现它们。常见的有支出表格、正态分布图和"S"形曲线。这类数据的主要构成元素包括已经启动的任务、可交付成果已被核准的成本和实际产生的成本。

（四）组织过程资产

项目成本控制的输入就是组织过程资产。这部分资产一般包含现有的正式和非正式与成本控制有关的政策、流程，以及准则、用于生产成本控制的工具、可供使用的监督和报告方法等。

三、挣值分析技术

成本控制的主要职责在于评估成本计划与实际执行的成本差异，探究其变动原因以确定是否有必要实施相应行动。由此可见，成本管控过程通常相当繁复，需借助大量信息、表单及方法进行成本解析管理，而对于成本调控的关键工具和技巧而言，它们的价值尤为显著，因为它们能更高效地实现成本控制目标。各种成本调控方式、技巧和工具琳琅满目，如分解结构技术、挣值分析技术、储备分析、未来趋势预测等。

作为一种创新的工程项目管理技术，挣值管理通过结合项目的规模、进度表与成本预算衡量其整体表现及进展情况。这种方式融合了范围基准、成本基准和进度基准，形成了效果指标，从而使项目管理的团队能够对项目的成本效益和进程进行评价和监控。

（一）挣值法的三个基本参数

针对某个特定的任务或项目，可以根据时间周期并结合其执行情况进行成本与进度两方面的评估。在这种情况下，可使用已完工及待完成的项目作为两个特性指标，而从成本角度出发，每个任务或项目的成本分为实际成本和估算成本两种。

对进度和费用偏差进行分析时，必须在相同的工作进度标准下进行比较，以便找出费用的偏差。为比较进度偏差，需要以工作预算费用为基准。为此，可以定义三个基本参数。

1.已完成工作的预算费用

所完成任务的预算费用（Budgeted Cost for Work Performed，BCWP）是在一个项目的各个环节中对特定时间段内实质上完结的项目内容，以及按照预算定额核算出工时（或费用）与实际完成工作量之积，而这个已经完成任务的预算费用也被称为"挣值"（Earned Value，EV），它作为一种基准来评估成本与进度的差异化程度。它的具体算法如下：

$$已结束工作的预算费用 = 已完成工作量 \times 预算定额$$

2.计划工作的预算费用

计划工作的预算费用（Budgeted Cost for Work Scheduled，BCWS），也称计划价值（Plan Value，PV），它代表某个特定时期内完成的项目任务所需要的预计时间（或费用），这主要是为了衡量按照既定的进度应达到的目标产出数量和质量。它的具体算法如下：

$$计划工作的预算费用 = 计划工作量 \times 预算定额$$

3.已完成工作的实际费用

已经完成工作的实际费用（Actual Cost for Work Performed，ACWP）也称实际成本（Actual Cost，AC），它代表了某个特定时期内实际完成的项目数量所需花费的时间（或费用），主要用于衡量项目的实际耗费情况。它的计算方式如下：

$$已完成工作的实际费用 = 已完成工作量 \times 实际单价$$

（二）挣值法的评价指标

基于上述三个主要参数，我们能够确定四个衡量挣值的评价指标，它们都是时间的函数。

1. 成本偏差（Cost Variance，CV）

为了分析在进行检查前的实际工作是否超出预算，将检查期间已经完成工作的预算费用与已经完成工作的实际费用进行对比，即 $BCWP$ 和 $ACWP$ 的差别，被称为成本误差。可以通过下述方法计算：

$$CV = BCWP - ACWP$$

CV 为负值意味着实际执行效果欠佳，实际费用超出了预算，即出现了超支；如果数值为正，那么表明实际消耗的费用低于预算值，也就是存在节余或者效率较高；若为零，则代表项目按照计划进行。

2. 进度偏差（Schedule Variance，SV）

为了评估在检查点之前完成的工作是否有所延误，需要将实际完成工作的预算费用与计划要完成的预算费用进行对比，这种差异被称为进度偏差。其计算方法如下：

$$SV = BCWP - BCWS$$

SV 为正值，意味着时间超前；为负值，则意味着时间延迟；如果是零，说明工作已经按照计划进行。

3. 成本绩效指数

成本绩效指数（CPI）是反映挣值与实际成本的比值。它的计算方法如下：

$$CPI = BCWP/ACWP$$

$CPI > 1$ 意味着低于预算；$CPI < 1$，表示超出预算；$CPI=1$ 则代表实际费用与预算费用相符，这说明项目的费用是按照计划进行的。

4.进度绩效指数

进度绩效指数（SPI），即时间绩效指数，是衡量工项目挣值与计划值之比。其计算方法如下：

$$SPI = BCWP/BCWS$$

$SPI>1$，表示进度超前，$SPI<1$，表示进度延迟，$SPI=1$，则表示实际的进度等于计划的进度。

（三）挣值法评价曲线

在项目实施的过程中，已完成工作的预算费用（$BCWP$）、计划工作的预算费用（$BCWS$），以及实际完成工作的实际费用（$ACWP$）构成了时间函数。将时间视为自变量，各种费用视为因变量，可以得到如下的函数：

$$BCWP = F(t)$$
$$BCWS = F(t)$$
$$ACWP = F(t)$$

通过把时间作为横坐标，把成本变化因素设为纵坐标，可以绘制出挣值评估曲线。$BCWS$代表的是项目的预算费用曲线，显示了随着时间的流逝，项目投资费用会逐渐累积到项目终止时的最大值，因此呈现出的形态为"S"形，也被称作"S"曲线。$ACWP$则指代已经完成工作的实际费用。$BCWP$是已经完成工作预算费用，这也是一种与项目进度相关的时间参数，其数值会在整个过程中持续增长并呈"S"状。

通过挣值法对曲线进行评估，可以得出费用和进度的结果。如果$CV>0$，$SV>0$，这意味着项目的执行效果相当好，也就是说节省了成本，提前了进度。

参考文献

[1] 王育宪.企业管理的一个新分支——风险管理[J].管理世界,1985(3):75—90.

[2] 汪周全.浅析如何识别和规避财务风险[J].中国集体经济,2020(1):147—148.

[3] 苏凯林.企业财务风险评价体系建设研究[J].中国集体经济,2019(1):146—147.

[4] 汤传博.企业财务风险存在的成因与对策[J].科技经济市场,2019(9):11—13.

[5] 廖丽娜.财务风险的控制与防范[J].中国商论,2020(11):112—113.

[6] 张文文.企业财务风险分析与控制研究[J].商场现代化,2020(2):165—166.

[7] 丁香乾,石硕.层次分析法在项目风险管理中应用[J].中国海洋大学学报,2001(1):18.

[8] 聂晓伟,张玉清,杨鼎才.一种基于AHP和模糊理论的风险评估方法[J].北京电子科技学院学报,2005(2):44—49.

[9] 颜赛燕.基于AHP法的建筑公司财务风险评价[J].经济研究导刊,2010(7):97—98.

[10] 胡梦泽,田淑阳,邢如其.施工企业财务风险评估与控制剖析[J].财会月刊,2017(7):24—29.

[11] 崔逸慧.秦港股份公司财务风险评价研究[D].秦皇岛:燕山大学,

2018.

[12] 汪洋. 基于层次分析法的 C 企业财务风险案例分析 [D]. 武汉：华中科技大学，2018.

[13] 易雨河. H 公司财务风险控制研究 [D]. 湘潭：湘潭大学，2019.

[14] 李悦雨. 基于功效系数法的 XH 公司财务风险评价研究 [D]. 沈阳：沈阳农业大学，2019.

[15] 吴瑞，杨梦琴，孟文雨. 层次分析法在企业财务风险分析中的应用 [J]. 中国集体经济，2020（6）：137—139.

[16] 陈丝璐，唐健，沈涛，等. 负债水平情况对企业投资行为的影响分析 [J]. 当代经济，2017（19）：44—49.

[17] 陈艳，郑雅慧，秦妍. 负债水平、资本成本与公司投资效率——基于债务异质性视角的实证分析 [J]. 经济与管理评论，2016，32（4）：79—86.

[18] 郜朝光. 大数据、银行信贷与小微企业融资模式研究 [J]. 经营管理者，2015（23）：26—27.

[19] 郭蓉蓉. 负债水平与投资影响：上市公司选择性例证 [J]. 改革，2014（8）：108—115.

[20] 郝艳，李秉祥. 中国上市公司过度投资与投资不足的实证比较研究——基于代理人堑壕效应的观点 [J]. 宏观经济研究，2019（3）：121—133.

[21] 胡玲. 负债水平对企业投资行为影响研究综述 [J]. 财会通讯，2016（28）：41—44.

[22] 胡援成，张朝洋. 负债水平、不确定性与公司投资——来自中国上市公司的经验证据 [J]. 金融经济学研究，2015，30（2）：62—73.

[23] 李军奕. 企业成长性、负债水平与创新投资 [J]. 绿色财会，2016（3）：10—17.

[24] 李莎. 所有权结构、负债水平对投资行为影响的研究 [J]. 统计与信息论坛，2017，27（12）：38—44.